Dr. Dieter Hohl

Aquarien-chemie

W0068567

**Urania Ratgeber
Aquarium**

Umschlagbild:
Attraktive Buntbarsche wie *»Cichlasoma« salvini* haben sich stark
kalkhaltige Gewässer zum Lebensraum erkoren.

CIP-Titelaufnahme der Deutschen Bibliothek
Hohl, Dieter
Aquarienchemie / Dieter Hohl. – 1. Aufl. –
Leipzig; Jena; Berlin: Urania-Verl., 1994
(Ratgeber Aquarium)
    ISBN 3-332-00471-9

1. Auflage 1994
Alle Rechte vorbehalten
© Urania-Verlagsgesellschaft mbH, Leipzig
Urania-Verlag Leipzig · Jena · Berlin 1994
Lektor: Annette Bromma
Umschlag-Reihengestaltung: Heinz Kraxenberger
Typographie: Dietmar Senf
Printed in Germany

Inhalt

Vorwort

Ohne Wasser ist kein Leben möglich, das gilt uneingeschränkt für alle Lebewesen. Eine ganz besondere Bedeutung besitzt Wasser jedoch für alle aquatischen Lebensformen, und dazu zählen natürlich unsere Fische. Für sie ist Wasser der Lebensraum! Jedes Lebewesen existiert jedoch nur in ständiger Wechselwirkung mit seiner Umwelt, Veränderungen bedingen eine entsprechende Reaktion.

So wird beispielsweise die Temperatur eines natürlichen Gewässers durch das Klima der betreffenden Region geprägt; die geologische Struktur des Gebietes beeinflußt den Gehalt an gelösten Salzen und deren ionale Zusammensetzung. Diese Beispiele lassen sich beliebig erweitern und kennzeichnen in ihrer Wirkung auf den Organismus jene Komplexität, die mit dem Begriff »Ökologie« beschrieben wird.

Die Kenntnis dieser Zusammenhänge und deren Verständnis sind aber eine Grundvoraussetzung der Fischhaltung und vor allem der Fischzucht. So stehen Laichrhythmus, Eintritt der Geschlechtsreife, Wachstumsdauer, Lebensalter usw. in engem Zusammenhang mit Umweltfaktoren, die durch physikalische und chemische Veränderungen direkt oder indirekt auf den Organismus entsprechend stimulierend oder bremsend einwirken.

Die Umsetzung dieser ökologischen Faktoren unter den speziellen Bedingungen des »Kleinstlebensraumes« Aquarium ist die eigentliche Grundlage der Aquaristik. Die »Aquarienchemie« betrachtet dabei, kurz formuliert, die Wechselwirkungen zwischen den chemischen Vorgängen im Medium Wasser und den Organismen im Aquarium. Die Darstellung der wichtigsten Zusammenhänge und die Ableitung entsprechender pflegerischer Maßnahmen stellt damit auch das Anliegen dieses Vivaristik-Ratgebers dar. Obwohl Meßwerte dabei die jeweilige konkrete Situation kennzeichnen, wurde dennoch auf wasserchemische Analysenvorschriften verzichtet, um den Umfang der Broschüre nicht zu sprengen. Diese sind sowohl in jedem Lehrbuch der Analytik nachzulesen bzw. liegen auch den heute handelsüblichen Analytik-Sets bei.

Dieter Hohl

Was ist, was soll,
was kann Aquarienchemie?

Mit zunehmender Kenntnis ökologischer Gesetzmäßigkeiten hat sich unsere Auffassung vom Inhalt und Umfang dessen, was sich hinter dem Begriff »Aquarienchemie« verbirgt, weitgehend gewandelt. Während früher der bekannte Ausspruch »... es liegt eben am Wasser ...« den Sachverhalt charakterisierte, daß man Zusammenhänge zwar ahnte, aber noch nicht erkannt hatte, versuchte man später, mehr oder weniger empirisch, einzelne Komponenten zu verändern. Dieses Stadium war durch eine »wilde« Experimentierfreudigkeit geprägt und geriet bald unter dem abfälligen Begriff »Wasserpantscherei« in Verruf. Inzwischen haben die Aquarianer gelernt, neue Erkenntnisse der Naturwissenschaften anzuwenden, sie kennen eine Reihe gesicherter Zusammenhänge und sind in der Lage, in konkreten Fällen gezielt einzugreifen. Dadurch sind uns heute auch unsere derzeitigen Grenzen und Möglichkeiten bekannt, d. h. wir können besser einschätzen, auf welchen Gebieten wir weiter forschen müssen, um unseren Pfleglingen optimale Verhältnisse zu bieten. Diese Entwicklung hat eigentlich die herkömmliche Definition des Begriffes »Aquarienchemie« überholt. Früher wurde darunter hauptsächlich die chemische Zusammensetzung des Aquarienwassers verstanden. Heute interessieren uns vor allem die Zusammenhänge zwischen chemischen, physikalischen und biochemischen Reaktionen, wobei die Frage nach der physiologischen Wirkung im Vordergrund steht.

Es sei jedoch ausdrücklich betont: Diese naturwissenschaftlichen Gesetzmäßigkeiten wirken in jedem Fall, unabhängig davon, ob sie dem einzelnen Aquarianer bewußt sind oder nicht! Da sich der Begriff »Aquarienchemie« jedoch eingebürgert hat, wäre es wenig sinnvoll, nach einer neuen Wortschöpfung zu suchen. Fragen wir nach der Aufgabenstellung, so kann man pauschal antworten: Wir wollen mittels der Aquarienchemie optimale Verhältnisse für unsere Pfleglinge schaffen. Darum bemüht sich allerdings jeder Aquarianer mit den verschiedensten Methoden und mit mehr oder weniger Erfolg. Auch übersteigt diese allgemeine Aufgabenstellung trotz ihrer Gültigkeit die Möglichkeiten der Aquarienchemie. Die Gestaltung eines Cichlidenbeckens zum Beispiel, in dem die Tiere ihr Revierverhalten zeigen können, gehört zwar zu den optimalen Verhältnissen, hat jedoch mit Aquarienchemie nur sehr wenig zu tun.

Versuchen wir also, diese Aufgabenstellung zu präzisieren: Aquarienchemie betrachtet physikalische und chemische Reaktionen im Lebensraum Wasser unter den Bedingungen eines Aquariums in ihrer physiologischen Wirkung auf aquatische Organismen. Die Basis dafür sind ökologische Erkenntnisse aus dem natürlichen Lebensraum unserer Pfleglinge. Mittels technischer, physikalischer und chemischer Methoden wird versucht, die Reaktionen im Medium Wasser so zu steuern, daß für den Organismus möglichst optimale Verhältnisse entstehen, Schadwirkungen vermieden werden. Bewußte Veränderungen bestimmter Faktoren sollen die Auslösung biologischer Rhythmen stimulieren, z. B. Ablaichen.

Eine solche Aufgabenstellung bedingt eine schrittweise Lösung. Grundvoraussetzung ist immer die Analyse der Verhältnisse im Aquarium, denn nur daraus lassen sich alle weiteren notwendigen Schritte ableiten. Diese Analyse bedingt die Meßbarkeit der einzelnen Komponenten und Reaktionen. Es wäre sonst gleichbedeutend mit einem Rückfall in die Alchemie des Mittelalters, wollten wir Faktoren steuern, die weder meßbar noch in ihrer Wirkung registrierbar sind.

Damit ist die Analyse des Istzustandes und seiner Veränderung weitgehend an die unter Liebhabern mögliche Analysentechnik gebunden, die sich allerdings in den letzten Jahren erheblich verbessert und auch erweitert hat. Dennoch müssen wir Einschränkungen treffen: Die quantitative analytische Erfassung einer Reihe von Wasserinhaltsstoffen, z. B. von Spurenelementen, übersteigt den vertretbaren Aufwand, wir müssen sie bei den derzeitigen Betrachtungen erst einmal ausklammern. Zwar kann man wissenschaftliche Untersuchungsergebnisse für unsere Zwecke empirisch anwenden, aber das ist ohne geeignete Kontrolle oft nur Glücksache.

Die zweite Einschränkung ist zu treffen, wenn wir die Auswirkung bestimmter Verhältnisse auf den Organismus untersuchen. Hier sind unsere Kenntnisse noch lückenhaft, und wir werden in Zukunft noch wesentliche Ergebnisse zu erwarten haben. Demzufolge müssen wir bei der praktischen Durchführung von Steuerungsmaßnahmen die gleichen Einschränkungen machen. Wir wollen deshalb die Frage nach der Aufgabe der Aquarienchemie möglichst ehrlich beantworten, damit der Leser von vornherein ein Hilfsmittel, aber kein Allheilmittel erwartet.

Mit Methoden der Aquarienchemie kann man wesentliche Komponenten chemischer und physikalischer Natur im Aquarium erfassen und ihre Veränderung messend verfolgen. Dabei wird ein Überblick über wichtige Reaktionen und deren Auswirkungen auf den Organismus vermittelt. Eine Reihe von Zusammenhängen ist als gesichert anzusehen; andere sind derzeit noch ungenau oder gar nicht bekannt.

Darüber hinaus setzen die beschränkten Möglichkeiten des Liebhabers objektive Grenzen. Parolen wie: »Drei Tropfen davon und drei Tropfen davon, dann züchten Sie jeden Fisch« sind absoluter Unsinn und werden es auch in Zukunft bleiben! Auf der anderen Seite versetzen uns aquarienchemische Kenntnisse in die Lage, bekannte Methoden gezielt einzusetzen oder auch die Wirksamkeit technischer Neuerungen und althergebrachter »Hausmittel« zu beurteilen.

Die Vermittlung der notwendigen Kenntnisse als Anleitung und Hilfe für die Praxis ist damit das eigentliche Ziel der Aquarienchemie und des vorliegenden Ratgebers, der in dem so weitläufigen Gebäude natürlich nur ein Baustein sein kann.

Der natürliche Lebensraum

Im Laufe der Evolution haben sich unsere Fische die unterschiedlichsten Lebensräume erobert und sich den jeweiligen Bedingungen angepaßt. Diese Anpassung erfolgte auf äußerst vielseitige Art und Weise und reicht von der Ausbildung bestimmter Organe über Veränderungen der Körperform bis zur Entwicklung spezieller Fortpflanzungsmechanismen und Verhaltensweisen. Diese Vielseitigkeit soll an einigen wenigen Beispielen veranschaulicht werden:

Die Anpassung an das Leben in nur zeitweilig wasserführenden Tümpeln und Pfützen hat bei Eierlegenden Zahnkarpfen *(Nothobranchius, Roloffia, Aphyosemion, Pterolebias, Cynolebias)* zu einer extrem schnellen Entwicklung bis zur Geschlechtsreife, einer entspre-

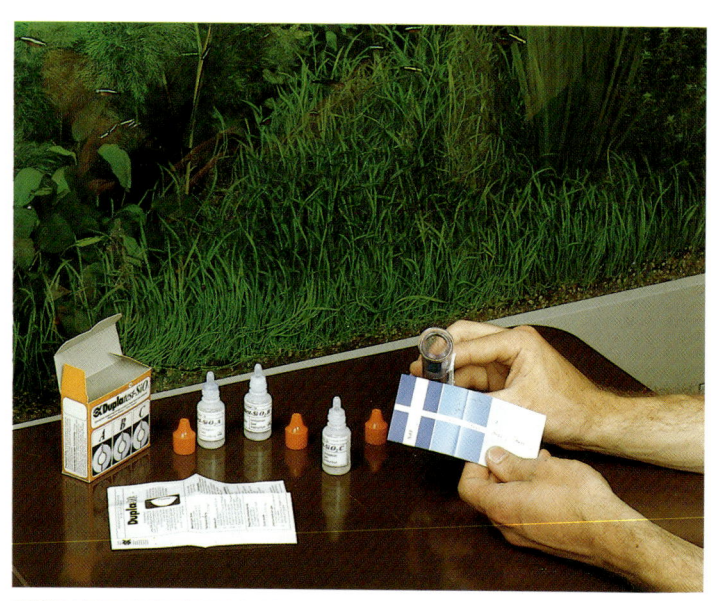

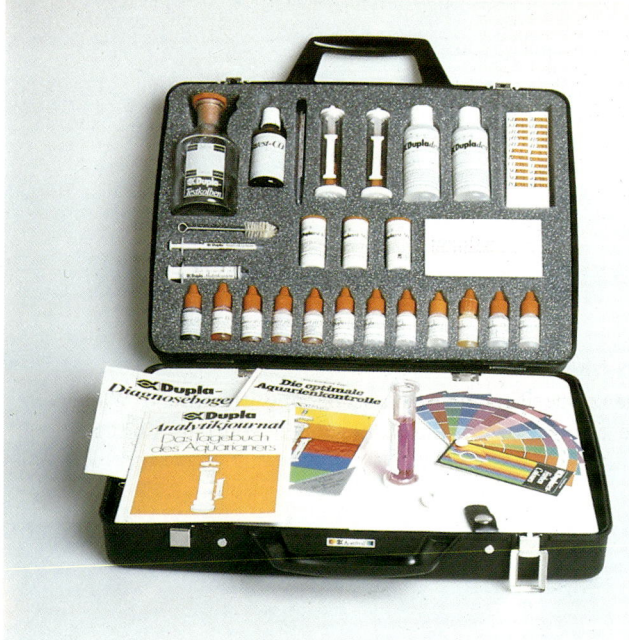

8   Der natürliche Lebensraum

chenden Kurzlebigkeit und zu einem Fortpflanzungsmechanismus sowie einer Eientwicklung geführt, die ein Überleben der Arten im ständigen Wechsel zwischen Regen- und Trockenzeit gewährleistet.

Das Überleben in verschlammten, sauerstoffarmen Gewässern führte zur Herausbildung zusätzlicher Atemorgane zur Aufnahme von atmosphärischem Sauerstoff. Am bekanntesten ist das Labyrinthorgan der Labyrinthfische, aber auch viele andere Fischgattungen haben durch sackartige Erweiterungen der Mundhöhle *(Channa, Periophthalmus)*, Darmatmung *(Hoplosternum, Callichthys)*, einer Verbindung der Schwimmblase mit dem Darm *(Erythrinus, Gymnarchus)* oder sogar durch Herausbildung einfacher Lungen (Dipnoi) ein Überleben in solchen Biotopen gesichert.

Die Besiedlung von Stromschnellen erforderte ebenfalls grundlegende anatomische und ethologische Anpassungen. Ein unterständiges Maul, ein torpedoförmiger Körper, eine reduzierte Schwimmblase und nach oben verschobene Augen ermöglichen das Leben am Boden in der Strömung. Gleichzeitig wird die Arterhaltung durch eine polygame Lebensweise, Versteckbrüten und durch längere Entwicklungszeit der Larven zu größeren Jungfischen gewährleistet *(Lamprologus congoensis, Steatocranus, Teleogramma)*.

Auch diese Beispiele könnten beliebig erweitert werden, denken wir nur an die Vielfalt möglicher Biotope wie die Brackwasserbereiche der Mangrove an den Mündungsgebieten großer Flüsse, die ständig schattigen Urwaldbäche, die sonnendurchfluteten Savannencreeks, die Restgewässer in Überschwemmungsgebieten, die großen afrikanischen Seen, Oasentümpel, die großen Ströme dieser Erde usw. Selbst innerhalb eines einzigen Flusses können die unterschiedlichsten Biotope angetroffen werden, man vergleiche nur einmal den verkrauteten Flachwasserbereich des Gleithanges mit dem tiefen, strömenden Wasser am Prallhang einer Flußbiegung.

Gleichzeitig sind aber all diese unterschiedlichen Lebensräume durch ganz spezifische physikalische und chemische Wasserverhältnisse charakterisiert, die jedoch nicht konstant sind, sondern

Die analytische Bestimmung erfolgt oft durch einfache Farbreaktionen, aus der Farbintensität wird durch Vergleich die Konzentration ermittelt

Moderne Analytik-Sets ermöglichen auch dem Liebhaber die Bestimmung wichtiger Wasserinhaltsstoffe sowohl einem täglichen als auch einem jahreszeitlichen Rhythmus unterliegen. Da dieser Rhythmus nicht nur die Lebensäußerungen der Fische, sondern auch aller anderen Organismen bestimmt, lassen sich daraus Schlußfolgerungen für Nahrungsangebot, Laichzeit usw. ableiten. Letztlich bewirkt der Rhythmus der Natur den Biorhythmus des Individuums. Das soll im folgenden Beispiel gezeigt werden:

Beobachtungen im südamerikanischen Urwald ergaben, daß während der Trockenzeit gefangene Fische zwar in den herrlichsten Farben prangten, aber einen katastrophalen Ernährungszustand zeigten. Während der Trockenzeit, also bei den höchsten Wassertemperaturen und damit dem höchsten Stoffumsatz, ist das Nahrungsangebot am geringsten. Die Fische »hungern« sich praktisch geschlechtsreif. Mit Beginn der Regenzeit führt das entstehende Hochwasser dann zu einer Temperatursenkung und zum erhöhten Nährstoffeintrag. Die Überschwemmung des Regenwaldes erschließt neue Nahrungsquellen und gestattet in kürzester Zeit die Bildung des Laichansatzes der voll geschlechtsreifen Fische. Jetzt wird gelaicht. Die Brut findet dann bis zum Beginn der Trockenzeit ausreichend Nahrung, anschließend beginnt die nächste Hungerphase bei hoher Temperatur.

Ganz anders werden normalerweise Aquarienfische gehalten. Jungfische werden bei gleichbleibender Temperatur bis zur Geschlechtsreife »gemästet«, um dann bei höherer Temperatur zur Zucht angesetzt zu werden. Dabei wirkt lediglich der Frischwasserschock, vergleichbar mit der Regenzeit, noch laichstimulierend. Alle anderen Faktoren werden meist grob mißachtet.

Aber der natürliche Rhythmus ist viel komplexer. Die Regenzeit ist eine Periode niederen Luftdruckes, und tatsächlich konnte experimentell an südamerikanischen Buntbarschen gezeigt werden, daß die Fortpflanzung luftdruckabhängig ist. Die Beachtung all dieser Faktoren erhöht also ganz beträchtlich die Chance einer Nachzucht, insbesondere bei Wildfängen, die noch nicht über Generationen domestiziert sind. So wird man beispielsweise bei einer stabilen Hochdrucklage möglichst keinen Salmler zur Zucht ansetzen.

Selbstverständlich ist dieser Rhythmus auch mit einer entsprechenden Veränderung der Wasserbeschaffenheit verbunden. Neben der schon erwähnten Temperaturänderung steigt mit dem Einsetzen der höheren Zuflüsse kurzzeitig der Sauerstoffgehalt, um dann

durch den biochemischen Abbau der eingeschwemmten bzw. über-
fluteten organischen Substanz wieder abzusinken. Die Auslaugung
von Gerbstoffen führt gleichzeitig zur Senkung des pH-Wertes,
ebenfalls unterliegt die mineralische Beschaffenheit je nach Biotop
Schwankungen. Daraus folgt: Zur optimalen Stimulation des Ab-
laichens gehört schon etwas mehr als nur Frischwasser aus der
Wasserleitung!

Wie wichtig klimatologische Daten für die Beurteilung der rich-
tigen Zuchtvorbereitung sind, soll folgendes Beispiel nach Schrieken und Vlaming aus Kamerun zeigen:

Im zentralen Hochland kommen zwei Regenperioden vor, die
Lufttemperaturen schwanken im Monatsmittel zwischen 25 und
32°C, innerhalb von 24 Stunden sogar zwischen 18°C (nachts) und
45°C (am Tage). Entsprechende, wenn auch nicht so extreme Temperaturschwankungen sind dann auch in den Kleinstgewässern
nachweisbar.

Das Regenwaldklima der Küste und des südlichen Landesteiles
wird durch verteilte Niederschläge und hohe Luftfeuchtigkeit charakterisiert. Die Lufttemperaturen schwanken zwischen 24 und
27°C und wirken sich auf die beschatteten Urwaldgewässer nur wenig aus. Die unterschiedlichen Verhältnisse zwischen dem zentralen Hochland und der Küstenregion werden durch die monatlichen
Niederschlagssummen in mm charakterisiert:

Monat	Zentrales Hochland	Küstenregion
Januar	15	191
Februar	28	287
März	170	412
April	178	399
Mai	229	611
Juni	203	1302
Juli	97	1501
August	56	1380
September	234	1408
Oktober	312	1103
November	107	576
Dezember	38	286

Diese Tabelle zeigt aber auch die Bedeutung genauer Fundortanga-
ben. Der Hinweis »Kamerun« ist recht wertlos, da er die spezifi-
schen Verhältnisse nicht erkennen läßt. Die deutliche Ausbildung

von zwei Regen- und Trockenzeiten im zentralen Hochland zeigt, daß dort vorkommende Fischarten *(Aphyosemion bualanum, A. bamilekorum, A. volcanum)* ganz anders zur Fortpflanzung gebracht werden müssen als die Arten der Küstenregion *(A. bivittatum, A. exiguum, A. kribianum).*

Klima und Landschaft stehen in einem unmittelbaren Zusammenhang und beeinflussen direkt auch die Beschaffenheit der Gewässer. So unterliegen Temperatur- und Mineralstoffhaushalt der Gewässer des tropischen Regenwaldes wesentlich geringeren Schwankungen als in der Savanne oder in Gebieten, in denen durch menschlichen Einfluß der Primärurwald vernichtet wurde. Während sich in den erstgenannten nur deutliche Veränderungen zwischen Regen- und Trockenzeit zeigen, unterliegen die anderen meist auch deutlichen Tag-Nacht-Schwankungen der Temperatur. Die großen afrikanischen Seen zeigen ein weiteres Extrem; die ungeheuren Wassermassen wirken derart nivellierend, daß periodische Einflüsse nur noch in den Bereichen der Flußmündungen feststellbar sind. Das wird auch dadurch bestätigt, daß die Fortpflanzung der maulbrütenden Cichliden dieser Seen keine Abhängigkeit vom Luftdruck erkennen läßt, diese also viel einfacher züchtbar sind.

Trotz der ständigen periodischen Umweltveränderungen und deren Einfluß auf den unmittelbaren Lebensraum Wasser lassen sich die tropischen Gewässer in einige Grundtypen nach ihrer chemischen Zusammensetzung einteilen. Diese Typisierung gestattet durchaus wertvolle Anhaltspunkte für die Herstellung des geeigneten Zuchtwassers als *eine* Grundvoraussetzung. Es gibt allerdings kaum detaillierte Aussagen über die entscheidenden periodischen Veränderungen, die nur durch die Kombination der übrigen Umweltfaktoren erkennbar werden. Die vielen in der Literatur verstreuten Wasseranalysen sind nämlich überwiegend während der Trockenzeit gewonnen worden, Meßreihen über eine Regenzeitperiode existieren kaum.

Viele Eierlegende Zahnkarpfen, so auch *Pterolebias wischmanni*, entwickelten eine Strategie für das Überleben der Art in nur zeitweilig wasserführenden Tümpeln

Labyrinthfische wie *Trichogaster trichopterus sumatranus* paßten sich durch Herausbildung eines zusätzlichen Atemorgans sauerstoffarmen Gewässern an

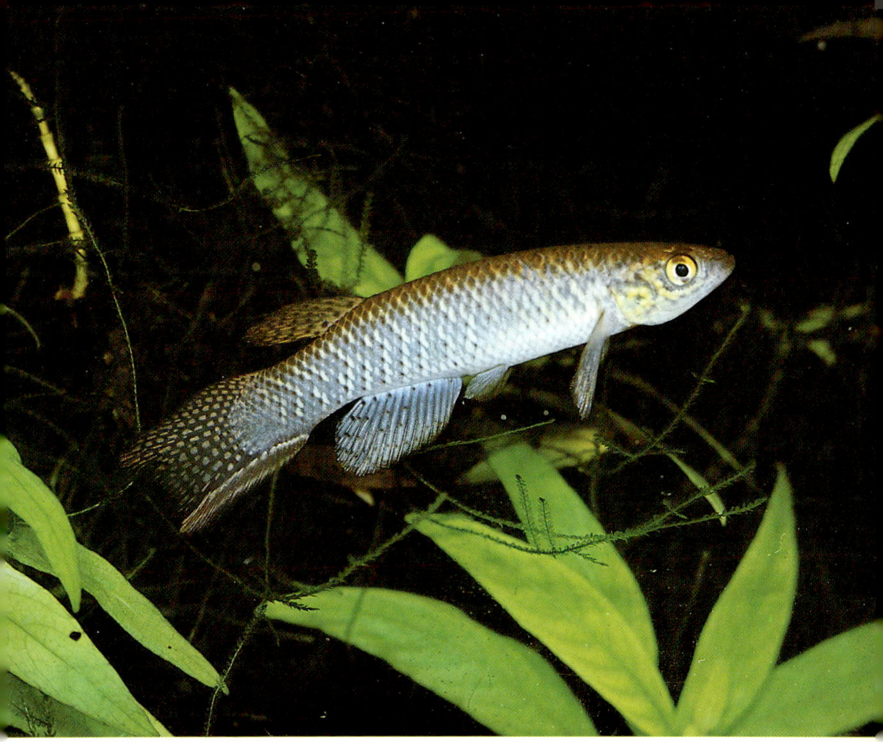

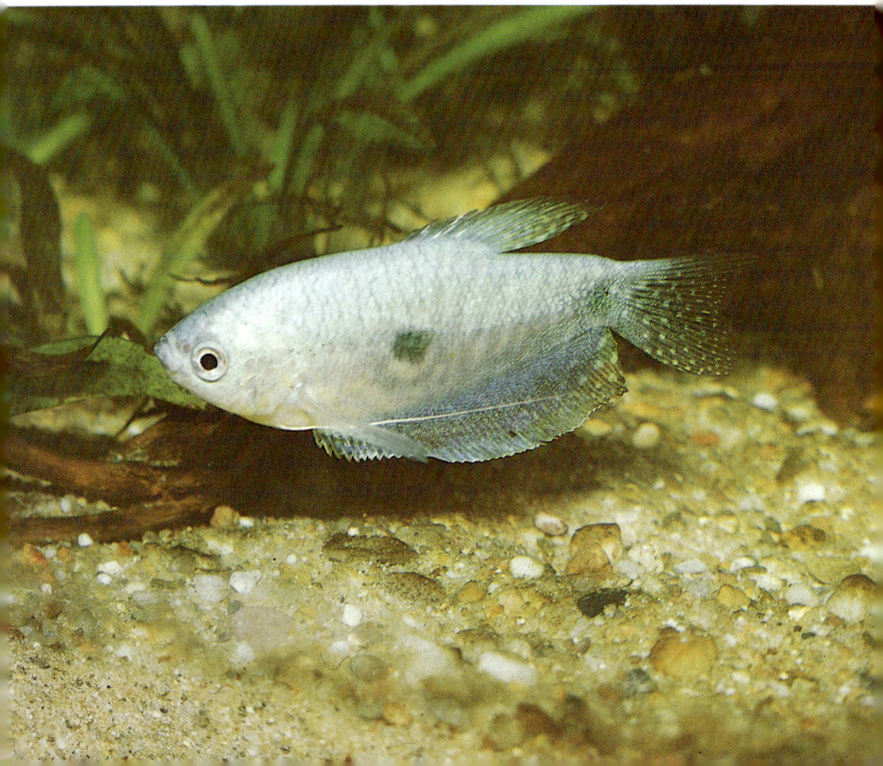

Am bekanntesten sind die aus vielen Untersuchungen im südamerikanischen Urwald klassifizierten Gewässertypen in

– Weißwasser,
– Schwarzwasser,
– Klarwasser,

deren chemische Zusammensetzung durch nachstehende Analysen (nach Geisler) charakterisiert werden:

	Weißwasser	Klarwasser	Schwarzwasser
Beispiel	Amazonas	Rio Tapajoz	Rio Negro
Farbe	lehmig trüb	grünlich klar	braun, klar
pH-Wert	6,5–6,9	4,6–6,6	3,8–5,3
Karbonathärte (°dH)	0,2–0,4	0,0–0,3	0,0–0,1
Gesamthärte (°dH)	0,6–1,2	0,3–0,8	bis 0,1
Huminsäuren	gering	gering	erheblich
Chlorid (mg/l)	0,0–0,3	0,1–0,5	0 bis Spuren
Ammonium (mg/l)	Spuren	–0,1	Spuren
Nitrat (mg/l)	0,0–0,2	0,0–2,0	–0,1
Leitfähigkeit bei 28 °C	30–70	15–30	8–15
Sichttiefe (m)	0,15	4,0	1,0–1,5

Die Mehrzahl der importierten Fischarten stammt nach Geisler aus Gewässern, die dem Klarwassertyp oder einem Mischwasser zwischen Klar- und Schwarzwasser bzw. Schwarz- und Weißwasser zuzuordnen sind. Dagegen scheint das reine Schwarzwasser mit seinem durch extrem niedrige pH-Werte gekennzeichneten lebensfeindlichen Milieu sehr fischarm zu sein. Einer der ganz wenigen Vertreter des echten Schwarzwassers ist *Copella vilmae*. Bei einer Fundortanalyse darf man sich vom optischen Eindruck des Gewässers keinesfalls täuschen lassen. Das in Reiseberichten oft als »colafarben« beschriebene Wasser (so auch in Westafrika und Südostasien) stellt keinesfalls ein Schwarzwasser, sondern nur einen Mischtyp dar! Selbst der Rote Neon, *Cheirodon axelrodi*, in der Aquaristik als Muster eines Schwarzwasserfisches bekannt, lebt in einem Mischwasser mit pH-Werten von 4,8 bis 5,1.

Echtes Schwarzwasser zeigt vielmehr spezifische Eigenschaften, die es in keinem anderen Gewässertyp gibt. So verläuft die Oxidation des organisch gebundenen Stickstoffs im Schwarzwasser nur bis zur Ammoniumstufe, die weitere biochemische Oxidation über

Nitrit zum Nitrat ist gehemmt, da dieses extrem saure Milieu sogar für nitrifizierende Bakterien lebensfeindlich ist.

Ausgehend von diesen Erkenntnissen muß, ganz im Gegenteil zu einer sich in der Aquaristik hartnäckig haltenden Meinung, das Schwarzwasser als Haltungs- und Zuchtwasser für tropische Aquarienfische als unbedeutend angesehen werden. Ein geeignetes Zuchtwasser für Fische aus den Weichwassergebieten kann durchaus im Schwankungsbereich der Inhaltsstoffe von Weiß- und Klarwasser liegen, ohne daß ein schwerwiegender Fehler begangen wird. Übertriebene Genauigkeit scheitert ohnehin an den aquaristisch verfügbaren Meßmethoden.

Obwohl die meisten tropischen und subtropischen Gewässer der Erde, ganz einfach bedingt durch die Mineralarmut der Böden, zu den oben beschriebenen Weichwassersystemen gehören, existiert jedoch auch eine nicht unerhebliche Menge von Gewässern mit einer völlig abweichenden Wasserbeschaffenheit, vor allem mit einem hohen Mineralgehalt. Dabei kann es sich sowohl um kleinere Flußgebiete innerhalb großer, weichwasserführender Gewässersysteme handeln als auch riesiger, eigenständiger Flußsysteme. Aquaristisch am bekanntesten sind wohl die Wasserverhältnisse der großen afrikanischen Seen, die durch mittelhartes und leicht alkalisches Wasser charakterisiert sind:

	Malawisee	Tanganjikasee
pH-Wert	7,7– 8,8	7,5– 9,2
Karbonathärte (°dh)	6,0– 8,0	16,0– 18,0
Gesamthärte (°dH)	4,0– 6,0	7,0– 11,0
Leitfähigkeit bei 20 °C	210–337	606–620
$T_{Oberfläche}$ (°C)	24– 29	24– 29
T_{Tiefe} (°C)	22	23
Sichttiefe (m)	bis 20	bis 22

(nach Linke und Staeck, 1981)

Der scheinbare Widerspruch, daß die Karbonathärte höher als die Gesamthärte ist, liegt an dem hohen Gehalt an Alkalikarbonaten. Im Magadisee und Natronsee hat dieser Alkalikarbonatgehalt sogar zu extremen Verhältnissen geführt. So wird der Magadisee von zahlreichen heißen Sodaquellen gespeist, und das ständig verdunstende Wasser führt zu einer weißen Salzkruste, die Teile des Sees bedeckt. Nach Zupanc entspricht der Salzgehalt mit 1,016 bis

Darmatmung ermöglicht *Hoplosternum littorale* die Existenz in sauerstoffarmen Biotopen ebenso ...

... wie die Verbindung der Schwimmblase mit dem Darm bei *Erythrinus erythrinus*

Einen besonderen Biotop bildet der Brackwasserbereich der Mangrove ...

... eine Reihe von Süßwasserfischen, so *Sarotherodon melanotheron*, haben auch diesen Lebensraum erschlossen

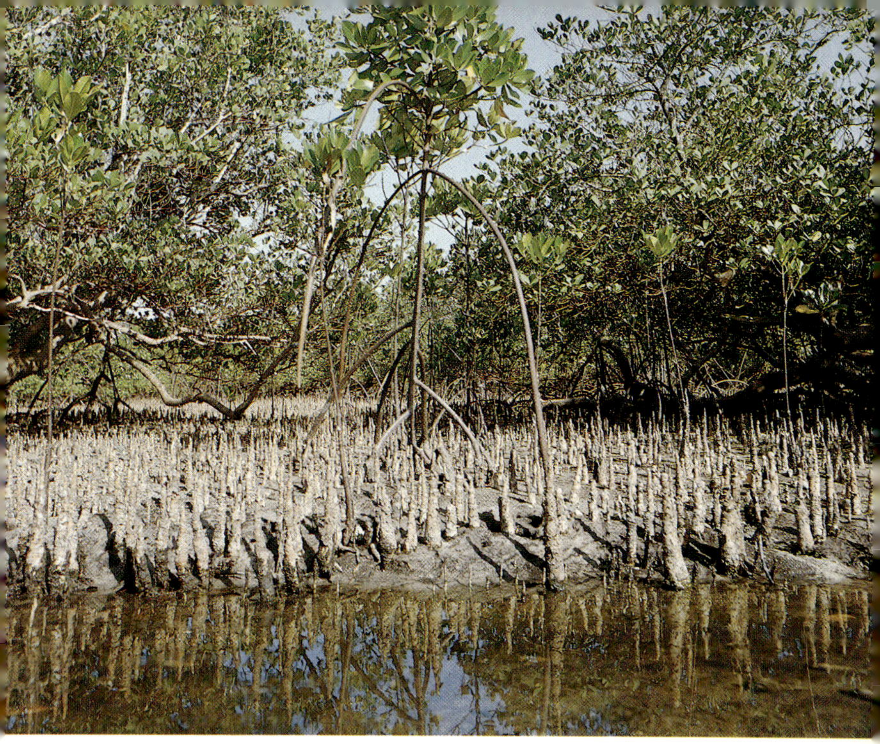

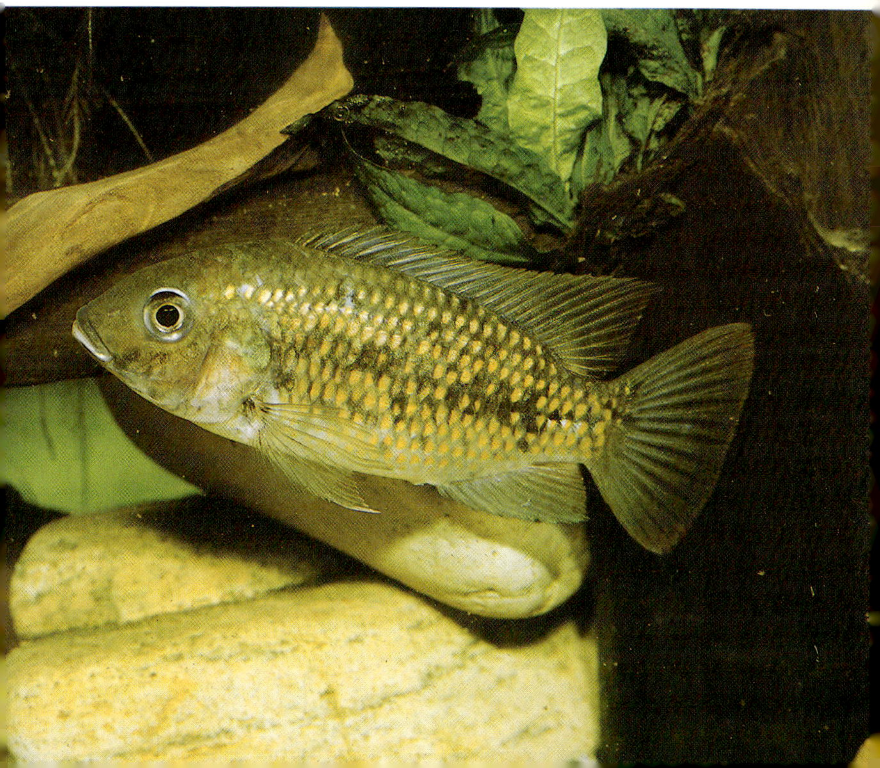

1,030 g/cm³ der Dichte von Meerwasser, die Wassertemperaturen liegen zwischen 32 und 42 °C. Aber selbst diesen Verhältnissen haben sich Fischarten *(Oreochromis alcalicus grahami)* angepaßt.

Sehr hohe mineralische Belastungen sind auch aus den Flußgebieten Mexikos bekannt. Besonders auf Yukatan, aber auch im Norden Mexikos bestimmen großflächige Kalksteinzonen bzw. eine gips- und kalkhaltige Bodenbeschaffenheit den Mineralgehalt der Gewässer. So werden im großen Flußgebiet des Rio Grijalva mittelharte bis harte Gewässer angetroffen:

	Rio Tulija	Rio Chamula	Bach bei Tuxtla	Rio Pichucalco
pH-Wert	7,5	6,9	7,5	6,9
Gesamthärte (°dH)	13,0	22,0	33,0	4,0
Karbonathärte (°dH)	14,0	24,0	14,0	3,0

(nach Stawikowski, 1983)

Interessant ist dabei, daß diese Gewässer nicht nur durch Lebendgebärende Zahnkarpfen und Cichliden besiedelt werden, man findet hier sogar eine Reihe Salmler *(Astyanax, Hyphessobrycon, Roeboides, Brycon)*, auf die das aquaristische Pauschalbild des Weichwasserfisches nicht zutrifft.

Die ausschließlich durch Grundwasser gespeiste Laguna Media Luna bei Rio Verde/Mexiko ist als einziger Fundort einer Reihe vom Aussterben bedrohter Fischarten *(»Cichlasoma« bartoni, Cualac tesselatus, Ataeniobius toweri)* nach Staeck und Seegers durch noch wesentlich höhere Salzgehalte gekennzeichnet:

pH-Wert	7,9
Gesamthärte (°dH)	53,0
Karbonathärte (°dH)	11,0
Leitfähigkeit (µS)	1680
Temperatur (°C)	30,5

Selbst unter diesen Verhältnissen lebt eine Salmlerart *(Astyanax fasciatus mexicanus)* und schreitet zur Fortpflanzung.

Aber nicht nur Temperaturverhältnisse, pH-Wert und Salzgehalt sind Kriterien für die ungeheuer große Variabilität dieser Ökosysteme. Eine nicht zu unterschätzende Bedeutung besitzt der Sauerstoffgehalt. Allerdings dürfen diese Meßwerte nur bedingt auf das Aquarium übertragen werden. Generell ist richtig, daß Fische aus schnellfließenden Gewässern *(Priapella intermedia, Steatocranus casuarius, Retroculus lapidifer)* höhere Sauerstoffgehalte fordern als Fische aus stehenden Gewässern. Andererseits dürfen tatsächlich gemessene Sauerstoffkonzentrationen von 1,5 mg/l am Fundort des Neonsalmlers, *Paracheirodon innesi,* keinesfalls auf aquaristische Verhältnisse übertragen werden, denn diese 1,5 mg/l gewährleisten in einem natürlichen Gewässer bei ständig nachfließendem Wasser und einem großen Wasservolumen noch stabile Verhältnisse. Im Aquarium dagegen würde ein so geringer Sauerstoffgehalt in kürzester Zeit aufgezehrt sein und zum Fischsterben führen.

Trotzdem spielt der Sauerstoffgehalt eine wichtige Rolle. Nicht umsonst fächeln brutpflegende Cichliden ihrem Gelege Frischwasser, d. h. sauerstoffreicheres Wasser zu. Auch die Entwicklung annueller Eierlegender Zahnkarpfen ist eng an einen Rhythmus des Sauerstoffgehaltes gebunden. Diese Killifische laichen Ende der Regenzeit am oder im Bodengrund ab. Im dort durch die Abbautätigkeit von Mikroorganismen verursachten sauerstoffarmen Milieu vollziehen sich im Ei nur erste Teilungsschritte. Erst während der Trockenzeit dringt erneut Sauerstoff in den Boden, die Eientwicklung wird fortgesetzt, und der fertige Embryo verharrt im Ei in einer erneuten Ruhephase. Mit Beginn der Regenzeit beginnen die Mikroorganismen erneut ihre Tätigkeit, der Sauerstoffgehalt sinkt und löst den Schlupf aus. In der aquaristischen Praxis wurde schon lange vor Kenntnis dieser Zusammenhänge durch Zugabe sauerstoffzehrender Substanzen (Trockenfutter) nach dem Aufgießen der Eier der Schlupf ausgelöst.

Diese hier aufgeführten Beispiele mögen genügen, um die Vielfalt der Natur und die Komplexität natürlicher Zusammenhänge zu demonstrieren. Sie zeigen eindeutig, daß es weder ein Universalrezept zur Fischzucht noch ein Universalwasser geben kann, das allen Fällen gerecht wird. Trotz dieser Unterschiede, die von Fall zu Fall berücksichtigt werden müssen, gelten aber auch allgemeine Regeln. Die nachfolgenden Ausführungen über die Chemie des Aquarienwassers dürfen keinesfalls aus dem Zusammenhang gelöst betrachtet werden. Eine noch so peinlich exakte Zubereitung des Zuchtwassers entsprechend dem Fundortwasser wird so lange nicht zum Erfolg führen, wie die übrigen auslösenden Faktoren fehlen. Kritiker mögen einwenden, daß die Domestikation unserer Aqua-

Einer der ganz wenigen Vertreter aus dem echten Schwarzwasser ist
Copella vilmae

Reine Schwarzwasserflüsse sind durch extrem niedrige pH-Werte
lebensfeindlich und damit fischarm

Mischzone im Zusammenfluß von Rio Negro (Schwarzwasser) und Rio
Solimoes-Amazonas (Weißwasser)

rienfische soweit geführt hat, daß selbst ausgesprochene Weichwasserfische wie die Keilfleckbarbe, *Rasbora heteromorpha,* bei Wasserhärten von 40°dH bereits gezüchtet wurde. Das ist richtig, jedoch
bedeutet Domestikation auch eine gewisse Auslese, die zum einen
bei Wildfängen nicht gegeben ist, zum anderen auch zur Auslese
nicht erwünschter Eigenschaften führen kann, die in sinkender
Fortpflanzungsrate (viele Malawicichliden bei Weichwasserzuchten), verminderter Farbqualität gegenüber Wildfischen (viele Barben und Salmler) und anderen Details zum Ausdruck kommt.
  Der heute mehr denn je bedeutsame Beitrag der Aquaristik zur
Arterhaltung durch Gefangenschaftsnachzucht darf deshalb nicht
nur Vermehrung um jeden Preis bedeuten. Vielmehr ist durch eine
weitgehend den natürlichen Verhältnissen angepaßte Haltung solchen negativen Auslesetendenzen entgegenzuwirken.

Analytische Meßgrößen

Grundlage der Interpretation chemischer Zusammenhänge sind Meßwerte. Dabei lassen sich die in der Wasseranalytik üblichen Kriterien in zwei Gruppen unterteilen:

Einzelbestimmungen und
Summenbestimmungen.

Eigentlich geht der Unterschied schon aus der Wortverbindung hervor. Da es aber in der Aquaristik üblich ist, einzelne Meßgrößen in ihrer Bedeutung zu überschätzen und in Zuchtberichten meist wenig aussagekräftige Fragmente von Wasseranalysen anzugeben, erscheint es doch erforderlich, diese Unterschiede deutlich zu machen. Man kann nämlich Meßdaten nur dann richtig bewerten, wenn man genau weiß, was sie eigentlich aussagen.

Einzelbestimmungen

Im Falle einer Einzelbestimmung wird ganz konkret der Gehalt eines Ions, eines Elementes, eines Gases oder einer anderen Verbindung gemessen, unabhängig davon, wie sie als Einzelgröße mit anderen Größen in Wechselwirkung steht. Bei der Messung einzelner Ionen wird dabei keine Aussage getroffen, welchem Partner diese zugeordnet werden müssen.

Beispiel: Gemessen wird der Gehalt an Karbonat. Das führt zwar ganz exakt zu der Aussage, daß in einem Liter Wasser soundsoviel Milligramm Karbonat enthalten sind, sagt jedoch nichts darüber aus, ob es sich um Calcium-, Magnesium-, Natrium- usw. -karbonat handelt. Erst wenn wir wissen, *wie* dieses Karbonat vorliegt, führt das im Zusammenhang mit einer Kohlensäurebestimmung und der Kenntnis des pH-Wertes zu einer aquaristisch wertbaren Aussage (vergl. S. 43). Wenn wir dann bedenken, daß die Giftwirkung vieler Substanzen von einer Reihe von Faktoren, wie Wasserhärte und Temperatur, abhängig ist, werden wir einsehen, daß auch die exakteste Konzentrationsangabe einer Einzelbestimmung ohne Betrachtung der Zusammenhänge kaum ausreichend ist. In den einzelnen Kapiteln soll versucht werden, darauf noch genauer hinzuweisen.

Typisch für Einzelbestimmungen sind Messungen des Gehaltes an

Kationen wie Natrium, Kalium, Magnesium, Eisen usw.;
Anionen wie Sulfat, Chlorid, Karbonat, Nitrat, Nitrit usw. und
Gasen wie Sauerstoff oder Kohlendioxid.

Die meisten Bestimmungen organischer Inhaltsstoffe stellen aufgrund ihrer Komplexität bereits Summenbestimmungen dar, die jedoch oft wie Einzelbestimmungen interpretiert werden, z. B. Phenole, Amine usw.

Summenbestimmungen

Summenbestimmungen stellen in den wenigsten Fällen die Summe mehrerer Einzelbestimmungen dar, sondern charakterisieren in der Regel eine Vielzahl von Reaktionen, die im einzelnen gar nicht faßbar sind. Dabei beschreiben die Summengrößen oftmals einen bestimmten Milieuzustand, der durch eine andere Form der Analyse nicht so übersichtlich und einfach beurteilt werden könnte.

Typische Beispiele dafür sind der pH-Wert, die elektrolytische Leitfähigkeit, das Redoxpotential, der Kaliumpermanganatverbrauch oder der biochemische Sauerstoffbedarf. Es ist jedoch zu beachten, daß derartige Summenbestimmungen nicht die spezifische Wirkung ganz bestimmter Inhaltsstoffe erkennen lassen. Beispielsweise kann eine hochtoxische organische Substanz genau den gleichen Kaliumpermanganatverbrauch aufweisen wie ein völlig harmloses Stoffwechselzwischenprodukt. Ein pH-Wert von 6 kann völlig ungefährlich mit Salzsäure eingestellt werden, bei der Verwendung von Arsensäure grenzt das Ganze schon an »Massenmord« von Aquarienfischen!

Diese Spezifik soll in den folgenden Kapiteln verdeutlicht werden. Entscheidend ist oft nicht nur ein gemessener Wert, sondern vor allem seine Interpretation!

Klarwasserfluß in Südamerika

Viele beliebte Aquarienfische, so auch *Hyphessobrycon callistus*, sind im Klarwasser beheimatet

In den trüben Weißwasserflüssen herrscht eine sehr geringe Sichttiefe ...

... dennoch leben hier äußerst attraktive Arten wie der Sterndornwels,
Agamyxis albomaculatus

Analytische Meßgrößen 25

Was ist Wasser?

Die Ausführungen über den natürlichen Lebensraum haben verdeutlicht, wie vielfältig die Einflüsse der Biosphäre auf das Medium Wasser sein können, schon deshalb, weil Wasser ein ganz hervorragendes Lösungsmittel darstellt. Die chemische Struktur, nach der Wasser als Verbindung aus einem Atom Sauerstoff und zwei Atomen Wasserstoff besteht, ist biologisch weitgehend uninteressant. Vielmehr bestimmen die im Wasser gelösten Stoffe, seien es Gase, Salze oder organische Verbindungen, und deren Reaktionen untereinander in ihrer Wechselwirkung mit dem Organismus die biologische Bedeutung. Ja, sogar die Lebensfunktionen der aquatischen Organismen selbst führen zu einer Veränderung der einzelnen, im Wasser gelösten Inhaltsstoffe. Damit läßt sich kurz und einfach definieren:

Wasser stellt für unsere Pfleglinge den Lebensraum dar. Diese Betrachtungsweise bedingt ein hohes Maß an Komplexität; alle möglichen Reaktionen sind im Zusammenhang zu diskutieren. Entscheidend ist immer die Frage nach der physiologischen Wirkung auf den Organismus. Die Beschaffenheit des Aquarienwassers soll entsprechend den Anforderungen des Fisches gestaltet werden; dabei kommt es nicht darauf an, Details entsprechend genau nachzuahmen, sondern vielmehr, die entscheidenden Faktoren physiologisch zur Wirkung zu bringen.

Unser Trinkwasser ist, je nach seiner Herkunft, mehr oder weniger beeinflußt, seine Aufbereitung richtet sich nach den Anforderungen für den menschlichen Genuß. Dabei kann es durchaus vorkommen, daß einzelne Inhaltsstoffe (z. B. Salzgehalt) in Konzentrationen auftreten, die im krassen Widerspruch zu den Lebensbedingungen der Fische stehen. Ein solches aquaristisches »Rohwasser« muß aufbereitet werden, das heißt, die Konzentration spezifischer Inhaltsstoffe ist so zu verändern, daß sie den Lebensansprüchen der zu pflegenden Arten genügt.

Von der Vielzahl der möglichen gelösten Inhaltsstoffe im Wasser sind aber für die praktische Aquaristik und Fischzucht nur die Komponenten und Stoffgruppen von Interesse,
– die mit zugänglichen und wirtschaftlich vertretbaren Methoden

analytisch erfaßt und aufbereitungsmäßig in ihrer Konzentration verändert werden können,
– deren Wechselwirkungen mit dem lebenden Organismus bekannt sind.

Unsere Pfleglinge, gleichgültig, ob tierische oder pflanzliche Organismen, stehen in ständiger Wechselwirkung mit dem Medium Wasser und üben durch ihre Stoffwechselfunktionen einen ständigen Einfluß aus. Die Beschaffenheit des Aquarienwassers unterliegt dabei ständigen Veränderungen. Durch die dauernde Beeinflussung von außen (z. B. durch Fütterung) sind diese Schwankungen nicht reversibel, d. h. trotz aller Formen des Abbaues organischer Produkte kann ein biologisches Gleichgewicht auf diesem begrenzten Raum nicht existieren; damit wird ohne ständige Eingriffe durch geeignete Pflegemaßnahmen (z. B. Wasserwechsel) der Lebensraum Aquarium für die Fische immer ungeeigneter.

Aber auch ein weiterer Hinweis ist zum Verständnis notwendig. Jede Wasseranalyse, d. h. auch die zitierten Wasseranalysen von den Fundorten unserer Aquarienfische, stellt eine Momentaufnahme dar, charakterisiert also den Zustand zum Zeitpunkt der Probenahme. Dieser kann sich bereits zwischen Tag und Nacht erheblich unterscheiden. Damit läßt die einzelne Wasseranalyse zwar eine Aussage zu einem bestimmten Zeitpunkt zu (z. B. Ablaichen), charakterisiert aber nicht den Zustand vorher oder nachher. Das ist insofern wichtig, weil es durchaus vorkommen kann, daß der eigentliche auslösende Faktor eines bestimmten Ereignisses zum Zeitpunkt der Analyse nicht mehr erfaßt werden kann (z. B. Temperaturschock).

Temperatur

Die Temperatur ist bisher in einer Arbeit über Aquarienchemie kaum gesondert behandelt worden, und der Leser wird sich daher auch fragen, was diese rein physikalische Größe in einer »Aquarienchemie« zu suchen hat. Aber darin liegt ein Trugschluß, denn zu einer komplexen Betrachtung der Vorgänge und ihrer physiologischen Wirkung gehört die Temperatur unmittelbar.

Dabei wird seit Anbeginn in der Aquaristik die Tatsache akzeptiert, daß tropische Zierfische »Warmwasserfische« sind; für ihr Wohlbefinden also einen bestimmten Temperaturbereich benötigen. Es war damit selbstverständlich, mit den jeweils verfügbaren technischen Methoden das Aquarienwasser in diesem Temperaturbereich zu halten, und nur die wenigsten Aquarianer kamen dabei auf die Idee, mit dieser Temperaturregelung gleichzeitig vielfältige physikalische, chemische oder biochemische Abläufe im Aquarium zu beeinflussen. Im Gegenteil, während alle Beheizung eines Aquariums zur Routine wurde, lehnten viele Aquarianer die ebenso mögliche zielgerichtete Beeinflussung anderer Umweltfaktoren (z. B. pH-Wert, Salzgehalt) als »Wasserpantscherei« ab, ein »Chemikalienzusatz« war sogar zeitweise verpönt. Aber zurück zur Temperatur als einen der wichtigsten Parameter überhaupt:

Die Temperatur bestimmt ganz entscheidend den Ablauf aller Lebensvorgänge in der Natur wie im Aquarium. Alle Stoffumsätze unterliegen der Vant't Hoff'schen Regel, wonach eine Temperaturerhöhung um 10 K zu einer Verdopplung bis Verdreifachung der Reaktionsgeschwindigkeit führt. Das gilt sowohl für den rein chemischen als auch für den biologischen Bereich, betrifft also auch den Stoffwechsel. Unter der Mitwirkung von Enzymen bei biochemischen Reaktionen kann sich die Reaktionsgeschwindigkeit sogar noch weiter erhöhen. Das führt nicht nur zu einer entsprechend höheren Nahrungsaufnahme der Fische, sondern in der Folge auch zu einem größeren Stoffumsatz mit all seinen Konsequenzen: größere Belastung des Wassers mit Abbauprodukten, größere Sauerstoffzehrung, geringere Sauerstofflöslichkeit, größere Giftwirkung toxischer Substanzen usw. – kurzum, das Wasser »vergammelt« bei höheren Temperaturen weitaus schneller. Deshalb sind auch die

Der hohe Kalkgehalt mexikanischer Flüsse führt zur Ausfällung von Kalksinter. Hier leben so attraktive Buntbarsche wie *»Cichlasoma« salvini* (Umschlagbild)

»Cichlasoma« bartoni aus der Laguna Media Luna ist an extreme Wasserhärten angepaßt

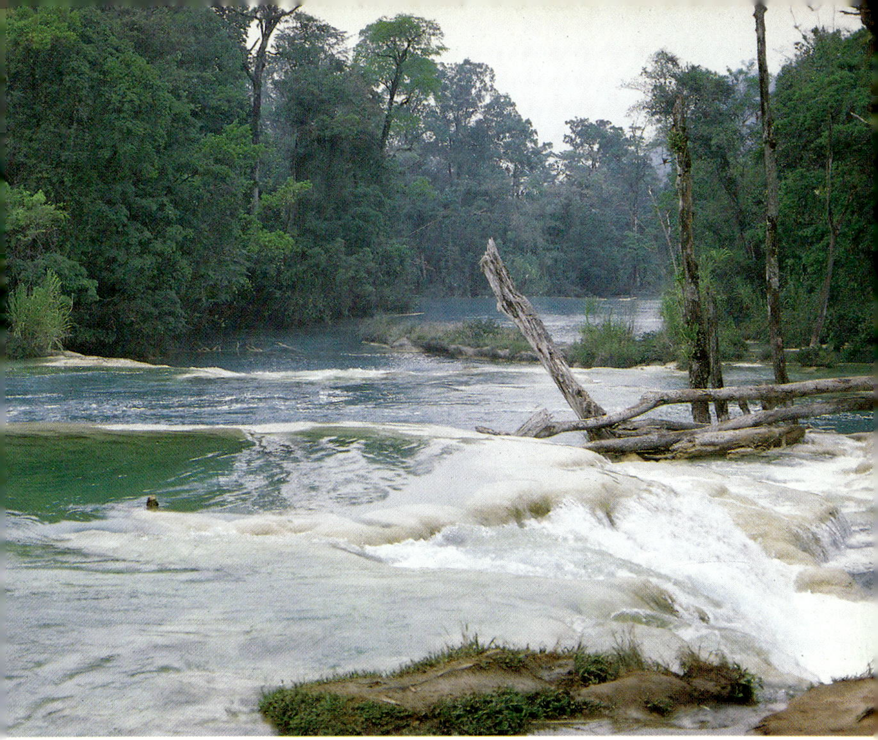

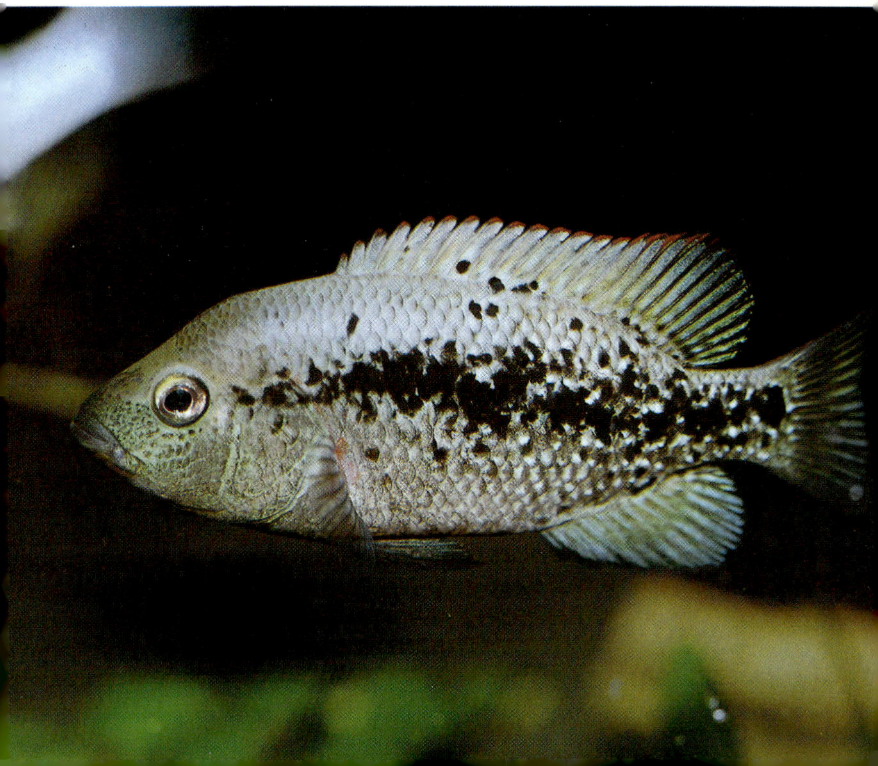

Probleme der Aufrechterhaltung einer entsprechenden Wasserbeschaffenheit in den sogenannten »Dampfzuchtaquarien« mancher Züchter am größten. Daß diese erhöhten Reaktionsgeschwindigkeiten auf die Dauer auch den Organismus belasten, ist eigentlich selbstverständlich.

Die Temperatur soll aber noch in einem weiteren Zusammenhang betrachtet werden: Mit steigender Temperatur nimmt die Löslichkeit von Gasen ab. Wir kennen diese Erscheinung beim Abkochen von Wasser, wo durch die Erwärmung die Kohlensäurelöslichkeit abnimmt, CO_2 entweicht und damit der im Gleichgewicht stehende Kalk als Kesselstein ausfällt (vergl. S. 43). Wesentlich ärger werden die Verhältnisse, wenn wir den Sauerstoffhaushalt betrachten.

Tabelle 1: Temperaturabhängigkeit der Sauerstoffsättigung von Wasser

Temperatur °C	Sauerstoffsättigung in mg/l
0	14,16
2	13,40
4	12,70
6	12,06
8	11,47
10	10,92
12	10,43
14	9,98
16	9,56
18	9,18
20	8,84
22	8,53
24	8,25
26	7,99
28	7,75
30	7,53
32	7,32
34	7,13
36	6,94
38	6,76
40	6,59

So können bei 30 °C Wassertemperatur 1,3 mg/l O_2 = 14,8 % Sauerstoff weniger gelöst werden als bei 20 °C. Gleichzeitig erfordert die Verdopplung des Stoffumsatzes auch entsprechend höhere Sauerstoffmengen. Im Temperaturbereich des größten Sauerstoffbedarfes ist seine Löslichkeit am geringsten! Sind diese Becken auch noch überbesetzt und der Wasserwechsel ist von der momentanen Lust des Besitzers abhängig, so führt das unweigerlich zu Verlusten.

In diesem Zusammenhang sei auch an die vieldiskutierten, meist aber in der Praxis der Aquaristik nicht verwirklichten Tag-Nacht-Schwankungen der Temperatur erinnert. Prinzipiell lassen sich Tag-Nacht-Schwankungen nicht in ein Schema pressen, sie unterscheiden sich in der Natur ganz beträchtlich vom Gewässer. So unterliegen beispielsweise flache, stehende, der direkten Sonneneinstrahlung ausgesetzte Gewässer größeren Temperaturschwankungen als stark beschattete Urwaldgewässer; bei größeren Fließgewässern sind diese Schwankungen schon kaum noch meßbar, in den großen Seen (Malawi- und Tanganjikasee) nicht mehr vorhanden, da die Wassermasse als Wärmespeicher wirkt.

Aquaristisch interessant ist jedoch nicht nur die Tatsache der unterschiedlichen Tag-Nacht-Schwankungen der Temperatur in der Natur, sondern auch die Erkenntnis, daß ein mit technischen Mitteln gesteuerter Temperaturabfall während der Nachtstunden (2 bis 3 °C) den Stoffwechsel etwas erniedrigt. Damit wird in den kritischen Nachtstunden der Sauerstoffhaushalt verbessert und die Ruhepause des Fisches unterstützt.

Der pH-Wert

Der pH-Wert als Meßgröße für den Säure- oder Alkalitätsgehalt des Wassers charakterisiert lediglich ein Milieu, läßt aber keine Aussage über die Vielfalt der möglichen Reaktionen zu, die diesen Zustand verursachen. So können in der Natur niedrige (saure) pH-Werte durch organische Säuren (Schwarzwasser), Kohlensäureüberschuß bei geringer Karbonathärte und dadurch fehlendem Puffervermögen (Weichwasser) oder durch Auslaugung entsprechend reagierender Salzkomponenten hervorgerufen werden. Hohe (alkalische) pH-Werte entstehen in der Regel durch einen geogen bedingten Überschuß von gelösten Alkalikarbonaten (afrikanische

In den großen afrikanischen Seen, hier im Tanganjika-See, täuschen freie Alkalikarbonate eine höhere Karbonathärte vor

Unter diesen Verhältnissen lebt eine Vielzahl unserer beliebtesten Buntbarsche wie *Neolamprologus leleupi*

Seen) oder die Fähigkeit der Wasserpflanzen, bei intensiver Assimilation den erforderlichen Kohlendioxidbedarf durch Hydrogenkarbonatspaltung zu decken.

Der biologisch interessante pH-Bereich liegt etwa zwischen 5,0 und 8,5. Unter- oder Überschreitungen dieser Werte stellen Extreme dar, die für die praktische Aquaristik ohne Bedeutung sind. Da der pH-Wert jedoch eine typische Summenbestimmung ist und keine Aussage über die betreffenden Dissoziationsreaktionen zuläßt, erscheint es erforderlich, auf einige Zusammenhänge hinzuweisen. Die Aquarianer wissen, daß Wasser mit einem pH-Wert von 7 neutral reagiert. Werte, die kleiner als 7 sind, zeigen ein saures Milieu an, Werte über 7 ein alkalisches. Immer noch ist nun die Meinung weit verbreitet, daß eine Lösung beispielsweise mit einem pH von 5 doppelt so sauer sei wie eine mit pH 6. Das ist grundfalsch!

Vielmehr ist pH 5 zehnmal so sauer wie pH 6 und hundertmal so sauer wie pH 7. Zum Erklären dieser Feststellung wollen wir versuchen, die exakte chemische Definition des pH-Wertes zu durchdenken, auch wenn das auf den ersten Blick etwas kompliziert erscheinen sollte:

Der pH-Wert ist der negative dekadische Logarithmus der Wasserstoffionenkonzentration.

Um diese, auf den ersten Blick kompliziert klingende Definition zu verstehen, müssen wir wissen, daß auch in reinstem Wasser ein Anteil von Wasserstoffionen (H^+) und Hydroxylionen (OH^-) vorhanden ist. Diese Ionen sind zu gleichen Anteilen enthalten, und zwar 10^{-7} H^+-Ionen und 10^{-7} OH-Ionen. Das Produkt beider Konzentrationen beträgt 10^{-14} und ist konstant. Deshalb wird bei Zugabe weiterer Hydroxylionen (Lauge) die Wasserstoffionenkonzentration entsprechend zurückgedrängt, und der pH-Wert steigt in den alkalischen Bereich. Aus diesen Werten leitet sich gemäß obiger Definition die pH-Skala von 1 bis 14 ab, im Falle

Konzentration H^+ = Konzentration OH^-

beträgt die Wasserstoffionenkonzentration 10^{-7} g/l, der pH = 7, das Wasser reagiert neutral.

In der chemischen Definition ist nur von der Wasserstoffionenkonzentration die Rede, die natürlich eine hohe physiologische Bedeutung besitzt. Nun wissen wir, daß eine Säure in wäßriger Lösung nicht nur aus Wasserstoffionen besteht. Das ist jedoch aquaristisch ebenso interessant.

Bei der pH-Messung betrachten wir nur die Wasserstoffionenkonzentration, ganz gleich, durch welche Säure sie hervorgerufen wird. Es ist also möglich, den gleichen pH-Wert mit einer Vielzahl verschiedener Säuren einzustellen. Physiologisch wirksam sind nämlich nicht nur die Konzentration an Wasserstoff- bzw. Hydroxylionen, die im extremen Fall zur »Säure- bzw. Laugenkrankheit« führt, sondern auch die entsprechenden Säurerest- bzw. Metallionen. Es wird wohl niemand auf den Gedanken kommen, Essig ins Aquarium zu schütten, um den pH-Wert einzustellen. Bekanntlich spalten sich Säuren (analog auch Laugen und Salze) in wäßriger Lösung auf in positiv geladene Wasserstoffionen und negativ geladene Säurerestionen. Diesen Vorgang nennt man elektrolytische Dissoziation, die Spaltprodukte bezeichnet man als Dissoziationsprodukte.

$$\text{Säure} \rightleftharpoons \text{Wasserstoff}^+ + \text{Säurerest}^-$$

Bei der Salpetersäure sieht das entsprechend so aus:

$$HNO_3 \rightleftharpoons H^+ + NO_3^-$$

Dabei handelt es sich um eine Gleichgewichtsreaktion. Bei den sogenannten starken Säuren ist das Gleichgewicht nahezu vollständig zugunsten der Dissoziationsprodukte verschoben; mit diesen Säuren lassen sich extrem saure pH-Werte erreichen. Im Gegensatz dazu dissoziieren die schwachen Säuren weniger, die Wasserstoffionenkonzentration erreicht nicht diese Größenordnungen, d. h., die pH-Werte können nicht so extrem in den sauren Bereich fallen. Zu den starken Säuren gehören unsere bekannten Mineralsäuren, wie Salz-, Schwefel-, Salpeter- und Phosphorsäure. Schwache Säuren hingegen sind Kohlensäure sowie eine Reihe organischer Säuren, wie die bei Auslaugung von Holz und Torf frei werdenden Humin- und Gerbsäuren, die bekannten Braunstoffe des Schwarzwassers. Analoge Verhältnisse finden wir bei den Laugen. Als besonders stark dissoziierte Laugen seien Kali- und Natronlauge erwähnt.

Diese Säure- bzw. Laugenstärke ist bei Korrekturen des pH-Wertes zu beachten. Hier muß man stufenweise und vorsichtig verfahren, um zu vermeiden, daß sich der pH-Wert zu stark verändert. Grundsätzlich sind stark verdünnte Säuren oder Laugen zu verwenden! Beim Ansäuern von Wässern mit höheren Karbonathärten ist dabei auf die freigesetzte Kohlensäure zu achten, um eine Kohlensäurevergiftung (vergl. S. 41) zu vermeiden. Die sinnvollste und genaueste Methode ist die vorherige Bestimmung der notwendigen Säure- oder Laugenmenge bis zum Erreichen des gewünschten pH-Wertes durch Titration einer Wasserprobe. An Hand des bestimmten Verbrauches kann man dann mühelos die entsprechende Menge für das Becken berechnen.

Interessant ist unter aquaristischen Gesichtspunkten die Frage nach den zu verwendenden Säuren oder Laugen zur künstlichen pH-Korrektur. Früher wurden oft Phosphor- oder Salpetersäure empfohlen, weil die entsprechenden Anionen Phosphat und Nitrat eine Bedeutung als Pflanzennährstoff besitzen. Auf der anderen

Seite sind, bedingt durch den Stoffwechsel unserer Pfleglinge, unsere Aquarien ohnehin überdüngt, und natürliche Gewässer besitzen diese Nährstoffe nur in äußerst geringem Maße. Sinnvoller ist darum die Verwendung von verdünnter Schwefel- oder Salzsäure, da die entsprechenden Anionen Sulfat oder Chlorid in jedem Gewässer vorhanden und in recht großen Schwankungsbereichen physiologisch unwirksam sind. Die Ansäuerung mit sehr schwachen Säuren ist nur in Wässern mit geringer Karbonathärte (sog. ungepufferte Wässer mit geringem Säurebindungsvermögen) möglich, aber bei derartigen Wässern besteht ohnehin schon ständig die Gefahr, daß der pH-Wert durch einen Kohlensäureüberschuß absinkt. Damit ist die Anwendung von Gerbsäure zur pH-Korrektur recht eingeschränkt, eine Wirkung als Laichstimulans ist schon öfter beschrieben, aber auch wieder angezweifelt worden. Interessanterweise gibt es das oft hervorgehobene »braune Salmlerwasser« in den Hochburgen der Zierfischzucht Singapur oder Taiwan nicht, die dortigen Züchter erzielen ihre Erfolge vielmehr durch Wasserwechsel und gute Fütterung.

Ein Spezialfall der möglichen pH-Korrektur sei gesondert erwähnt, da er mit einer veränderten Auffassung von Aquaristik heute steigende Bedeutung besitzt. Während früher unsere Aquarien meist überbesetzt waren und damit ein Überangebot an Kohlensäure zur unerwünschten pH-Senkung führte, sind seit einiger Zeit die sogenannten »holländischen« Aquarien verbreitet. Es handelt sich dabei um sehr dicht bepflanzte Becken mit einem sehr geringen Fischbesatz. In solchen Aquarien wird meist bei starker Beleuchtung tatsächlich mehr Kohlendioxid durch Assimilation der Wasserpflanzen verbraucht, als durch den Stoffwechsel der Fische erzeugt wird. Der pH-Wert steigt in unerwünschtem Maße an (vergl. S. 42). In diesen Fällen läßt sich durch eine Dosierung von Kohlendioxid sehr natürlich der pH-Wert regulieren. Die inzwischen auf dem Markt erhältlichen Geräte, die den pH-Wert kontinuierlich auf elektrochemischer Basis messen und über einen Mikroprozessor die CO_2-Dosierung steuern, gestatten eine völlige Automatisierung dieses Vorganges. Es sei aber sehr deutlich angemerkt: Diese elegante Methode funktioniert nur unter den beschriebenen Verhältnissen, ihre Anwendung in einem Aufzuchtbecken mit jungen Cichliden wäre blanker Unfug!

Bei natursauren Wässern muß der pH-Wert eventuell mit einer Lauge angehoben werden. Dabei sind so starke Basen wie Kali-

oder Natronlauge weder erforderlich noch natürlich. Eine sinnvolle Methode stellt die Verwendung von Natriumhydrogenkarbonat (Natron) dar, das aufgrund der hydrolytischen Spaltung schwach alkalisch reagiert. Karbonatarme Wässer zeigen oft die Tendenz, durch einen Kohlensäureüberschuß sauer zu reagieren. Läßt sich diese Erscheinung nicht durch ein ausgewogenes Gasgleichgewicht korrigieren, so hilft eine geringfügige Erhöhung der Karbonathärte (vergl. S. 45).

Der pH-Wert ist jedoch nicht nur als Maß für den Säure- bzw. Alkalitätsgrad interessant; im Aquarium kann man eine Reihe von Reaktionen unmittelbar durch eine Veränderung des pH-Wertes beeinflussen und damit auch unterschiedlich physiologisch wirksam machen. Wir werden diese Erscheinungen in den betreffenden Abschnitten diskutieren, es sei hier nur an das pH-abhängige Ammonium-Ammoniak-Gleichgewicht oder an das Gleichgewicht zwischen dissoziiertem und undissoziiertem Schwefelwasserstoff erinnert.

Die Wasserhärte

Die Wasserhärte war neben dem pH-Wert eines der wenigen chemischen Kriterien, die aquaristisch schon relativ früh diskutiert wurden. Ihre Bedeutung wurde allerdings vielfach überschätzt, in wesentlichen Belangen jedoch auch noch nicht richtig erkannt.

Die Wasserhärte wird durch den Gehalt an Calcium- und Magnesiumionen bestimmt und in Grad deutscher Härte (°dH) angegeben. Ein Grad deutscher Härte ist wie folgt definiert:

1 °dH = 10,0 mg/l CaO (Calciumoxid) bzw.
1 °dH = 7,14 mg/l MgO (Magnesiumoxid).

Diese Definition ist wichtig, da in der ausländischen Fachliteratur zum Teil auch mit den anders definierten französischen, englischen und amerikanischen Härtegraden operiert wird und bei Auswertung dieser Arbeiten zum besseren Vergleich der Meßwerte eine Umrechnung erforderlich wird.

Je nachdem, ob das Calcium und Magnesium an Karbonat oder

andere Säurerestionen (z. B. Sulfat, Chlorid) gebunden sind, unterscheidet man zwischen der Karbonathärte (KH) und der Nichtkarbonathärte (NKH). Da sich die Karbonathärte durch einfache Operationen, wie z. B. Erwärmen bzw. Kochen des Wassers, verändern läßt, spricht man auch von temporärer oder vorübergehender Härte, während die Nichtkarbonathärte auch als bleibende oder permanente Härte bezeichnet wird. Da der Hauptteil der Nichtkarbonathärte aus Calciumsulfat (Gips) besteht, wird (vorwiegend in der Technik) auch der Begriff Sulfat- oder Gipshärte verwendet. Diese Bezeichnungen sind jedoch wenig exakt, da außer Sulfat auch eine Reihe anderer Säurereste an Calcium und Magnesium gebunden sein können.

Da die wenigsten Aquarianer jedoch Spezialisten auf allen Gebieten sein können, sind zum eindeutigen Verständnis untereinander möglichst exakt definierte und aussagefähige Begriffe anzuwenden. Deshalb werden wir uns künftig bemühen, generell die Bezeichnungen Karbonathärte und Nichtkarbonathärte zu verwenden. Die Summe beider Härten bildet die Gesamthärte (GH). Damit gilt:

$$KH + NKH = GH \ (°dH)$$

Betrachtet man Wasseranalysen aus bestimmten Gebieten, z. B. aus den ostafrikanischen Grabenseen, so scheint diese Formel formal nicht zu stimmen. Wir finden scheinbar eine höhere Karbonathärte als Gesamthärte. Ursache dieser Erscheinung ist aber lediglich der zusätzliche Gehalt an Alkalikarbonaten ($NaHCO_3$, Na_2CO_3, K_2CO_3 usw.), deren Säurerest bei der analytischen Bestimmung der Karbonathärte miterfaßt wird.

Die Nichtkarbonathärte scheint aquaristisch eine recht unwesentliche Rolle zu spielen, zumindest läßt sich z. Z. nicht schlüssig beweisen, daß ihre physiologische Bedeutung die anderer Salzkomponenten übersteigt. Einzelne Beobachtungen über die »Bedeutung« der NKH lassen sich ebensogut durch eine unnatürliche Verschiebung des Ionenverhältnisses erklären. Auf diese Erscheinung werden wir noch zurückkommen.

Völlig anders liegen allerdings die Verhältnisse bei der Karbonathärte, die einen großen Anteil an der Stoffwechseldynamik im Aquarium hat. Diese Zusammenhänge sind in vielerlei Hinsicht so wichtig, daß wir uns im folgenden mit ihrer Bedeutung näher auseinandersetzen wollen.

Karbonathärte

Die Karbonate und Hydrogenkarbonate des Calciums und Magnesiums sind bei Zimmertemperatur recht wenig löslich. So werden in einem Liter kohlensäurefreiem Wasser nur 14 mg Calciumkarbonat (entspricht einer KH von 0,8 °dH) und 34 mg Magnesiumkarbonat (entspricht einer KH von 2,3 °dH) gelöst. Daß in der Praxis höhere Karbonathärten auftreten, liegt in einer Reaktion begründet, die unter dem Begriff »Kalk-Kohlensäure-Gleichgewicht« bekannt ist.

Die Höhe der Karbonathärte ist nämlich abhängig von der im Wasser gelösten Kohlensäure. Diese »zugehörige freie Kohlensäure« ist notwendig, um die Karbonate in Lösung zu halten. So läßt sich z. B. durch Sättigung des Wassers mit CO_2 eine Karbonathärte von 50 °dH erhalten, aber diese Möglichkeit ist natürlich aquaristisch uninteressant. Wir sehen also, daß, wenn eine bestimmte Karbonathärte erreicht werden soll, eine bestimmte Temperatur vorausgesetzt, auch eine bestimmte Menge zugehöriger Kohlensäure vorhanden sein muß. Wenn aus irgendwelchen Gründen dieser Kohlensäuregehalt verringert wird, so wird ein entsprechender Teil des Calciumhydrogenkarbonates unter Ausfallen eines weißen Niederschlages in schwerlösliches Calciumkarbonat, Kohlendioxid und Wasser aufgespalten:

$$Ca(HCO_3)_2 \rightleftharpoons CaCO_3 + CO_2 + H_2O$$

Dieser Vorgang ist eine echte chemische Gleichgewichtsreaktion, je nach Menge der entzogenen bzw. zugeführten Kohlensäure kann das Gleichgewicht nach rechts bzw. links verschoben werden. Die Ausführungen gelten streng nur für die Karbonate des Calciums; ein entsprechendes »Magnesium-Kohlensäure-Gleichgewicht« ist zwar verschiedentlich diskutiert, aber nicht exakt nachgewiesen worden. Darüber hinaus sind die natürlichen Härtebildner ohnehin überwiegend Calciumsalze.

Der Kohlensäuregehalt von »aquaristischem Rohwasser« (Leitungs- oder Brunnenwasser) kann jedoch höher sein als die Menge, die der vorhandenen Karbonathärte entsprechen würde. Die überschüssige Kohlensäure ist in der Lage, weiteren Kalk (z. B. aus Ze-

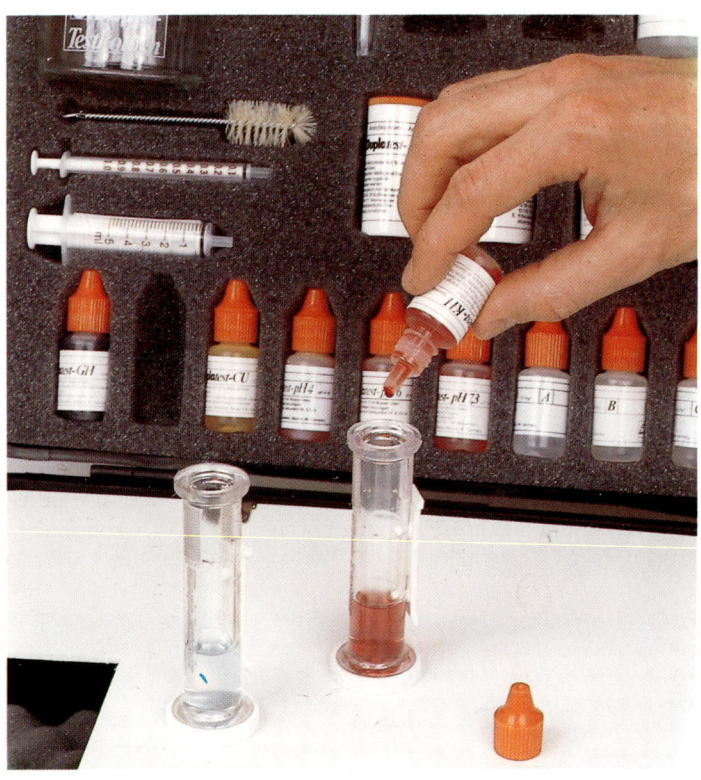

Die Karbonathärte läßt sich mit den handelsüblichen
Schnelltestmethoden einfach bestimmen

ment) zu lösen und wird daher als aggressive Kohlensäure bezeichnet. Aus den Löslichkeiten der Karbonate wird ersichtlich, daß
geringe Mengen von Calciumkarbonat, die einer geringen KH entsprechen, keine zugehörige Kohlensäure benötigen; in Wässern,
die eine KH unter 1,5°dH aufweisen, ist also die gesamte freie
Kohlensäure aggressiv. Bedingt durch den CO_2-Gehalt der Luft und
die Stoffwechselvorgänge im Aquarium liegt damit in extrem weichen Wässern immer aggressive Kohlensäure vor; bei einer Dekora-
tion mit kalkhaltigem Gestein wird als Folge die Karbonathärte unweigerlich entsprechend obiger Gleichung ansteigen.
    Ehe wir uns jedoch nach Kenntnis dieser allgemeinen Grundla-

gen mit den aquaristischen Konsequenzen des Kalk-Kohlensäure-Gleichgewichtes befassen, wollen wir noch kurz die Dynamik des CO_2-Haushaltes eines Aquariums untersuchen.

Kohlensäure

Unter Kohlensäure verstehen wir hier im Wasser gelöstes Kohlendioxid. Das Auftreten von Kohlendioxid ist mit den Stoffwechselvorgängen der Lebewesen eng verbunden. Die meisten Lebewesen verbrauchen zur Aufrechterhaltung ihrer Lebensfunktionen Sauerstoff und atmen dabei Kohlendioxid aus. Insofern wird also in jedem Aquarium durch die Atmung unserer Fische CO_2 kontinuierlich produziert. Aber das ist nicht die einzige Quelle, auch bei Zersetzungs- und Fäulniserscheinungen entsteht als Endprodukt unter anderem Kohlendioxid.

Einen wesentlichen, allerdings etwas anderen Anteil am Kohlensäurehaushalt haben unsere Wasserpflanzen. Es ist schon recht lange bekannt, daß Pflanzen einen zweifachen Gashaushalt besitzen:

Assimilation (CO_2-Aufnahme und O_2-Abgabe) und
Dissimilation (O_2-Aufnahme und CO_2-Abgabe).

Die Pflanzen sind mit Hilfe ihres grünen Blattfarbstoffes, des Chlorophylls, in der Lage, aus Kohlendioxid und Wasser unter Einwirkung von Lichtenergie organische Verbindungen, wie Traubenzucker und Stärke, zu synthetisieren. Ohne Berücksichtigung der vielen Teilreaktionen und Zwischenprodukte läßt sich das summarisch so darstellen:

$$6\,CO_2 + 6\,H_2O + 2\,826{,}09\,kJ \underset{\text{Dissimilation}}{\overset{\text{Assimilation}}{\rightleftharpoons}} C_6H_{12}O_6 + 6\,O_2$$

Der in der Gleichung formal dargestellte Vorgang charakterisiert von links nach rechts die Assimilation, in entgegengesetzter Richtung die Dissimilation. Es ist ersichtlich, daß die Pflanzen während der Dunkelheit ebenso wie die Fische CO_2 produzieren und damit eine weitere Kohlensäurequelle darstellen.

Auf Grund dieser Verhältnisse hat sich bei Aquarianern die Meinung herausgebildet, Wasserpflanzen seien Sauerstofflieferanten. Das ist in dieser Verallgemeinerung aber unpräzise. Prinzipiell ist die Sauerstoffproduktion von der Beleuchtungsdauer und -intensität abhängig. Wird ein gut bepflanztes Becken ausreichend belichtet, kann es durchaus zu Sauerstoffübersättigungen und zu einem Kohlensäuredefizit kommen. In den Nachtstunden tritt jedoch das Gegenteil ein!

Ein Kohlensäureüberschuß in den Nachtstunden kann ebenso zu Erstickungserscheinungen führen wie Sauerstoffmangel. Besonders häufig tritt diese Erscheinung am Ende der Nacht ein, nämlich dann, wenn das Wasser durch das Zusammenwirken der erwähnten Faktoren mit CO_2 angereichert und die kohlensäureverbrauchende Assimilation durch fehlende Lichtenergie noch nicht in Gang gekommen ist. Diese Vorgänge sind außerdem mit pH-Schwankungen verbunden, d. h., das Wasser kann dabei nachts ziemlich sauer reagieren.

Kohlensäure ist im Wasser recht gut löslich und relativ schwer auszutreiben. Der wesentliche Sinn einer Belüftung besteht nun in der Umwälzung des Wassers und der damit verbundenen Austreibung des CO_2 sowie der Heranführung von sauerstoffärmerem Wasser an die Oberfläche. Die direkte Anreicherung des Wassers mit Sauerstoff ist aufgrund der kurzen Wegstrecke der Luftblasen und der damit verbundenen geringen Kontaktzeit von untergeordneter Bedeutung. Damit hat die Belüftung ihre Hauptaufgabe in den Nachtstunden zu vollbringen. Ganz hervorragend zur CO_2-Austreibung sind übrigens Filter geeignet, die nach dem Injektorprinzip arbeiten.

Gleichzeitig verdeutlicht die Kohlensäurebilanz im Aquarium auch noch etwas anderes. Die häufig angepriesene »Kohlensäuredüngung« erfüllt tatsächlich nur in ausgesprochenen Wasserpflanzenbecken ihre Funktion. In Aquarien, in denen der Fisch im Vordergrund steht, kann sie aber negative Wirkungen zeigen. Auf ein weiteres Problem muß hingewiesen werden. Kohlensäure ist eine sehr schwache Säure und läßt sich dadurch mit stärkeren Säuren aus ihren Salzen, den Karbonaten und Hydrogenkarbonaten, verdrängen:

$$Ca(HCO_3)_2 + 2\ HCl \longrightarrow CaCl_2 + 2\ CO_2 + 2\ H_2O$$

Beim Ansäuern kann man den bekannten »Brausepulvereffekt« beobachten: Das bei der Reaktion freigesetzte CO_2 steigt in kleinen

Bläschen auf. Deshalb sind solche Manipulationen in besetzten Becken grundsätzlich zu vermeiden und vor Einfüllen des Wassers in das Aquarium durchzuführen.

Bei derartigen Ansäuerungen sollte jedoch noch eine andere Tatsache beachtet werden: Obige Gleichung stellt keine Gleichgewichtsreaktion dar, da das freigesetzte CO_2 ausgast. Durch Ansäuerung wird also die Karbonathärte weitgehend zerstört. Da das für die Härte verantwortliche Calcium und Magnesium jedoch im Wasser verbleibt und lediglich in Form von Salzen der betreffenden Säure vorliegt, mit der angesäuert wurde, steigt dabei die Nichtkarbonathärte auf Kosten der Karbonathärte, die Gesamthärte bleibt jedoch erhalten.

Kalk-Kohlensäure-Gleichgewicht

Wir haben gesehen, daß bei Karbonathärten über etwa 1,5 °dH immer freie Kohlensäure erforderlich ist, um das Calciumkarbonat in Lösung zu halten. Da die Löslichkeit aller Gase mit steigender Temperatur abnimmt, sinkt auch die Kohlensäurekonzentration an besonders warmen Stellen. Die unausbleibliche Folge ist die Ausfällung von Kalk, der nicht mehr in Lösung gehalten werden kann. Wir kennen diese Erscheinung auf Aquarienheizern, Tauchsiedern u. a. unter der Bezeichnung »Kesselstein« oder »Wasserstein«. Auf diesem einfachen Prinzip beruht letztlich auch die Entfernung der Karbonathärte durch Abkochen des Wassers.

Die Möglichkeit, CO_2 zu entziehen, ist auch durch die Assimilation der Wasserpflanzen gegeben. Wenn das bei entsprechender Karbonathärte geschieht, scheidet sich der Kalk natürlich auf den Pflanzenblättern ab. Dieser Vorgang ist unter dem Begriff »biogene Entkalkung« bekannt. Es muß aber nachdrücklich betont werden, daß diese Kalkausfällung zwar auf einem biologischen Vorgang, dem Kohlensäureentzug durch Assimilation, beruht, aber keineswegs als biologisch optimal betrachtet werden darf. Reicht bei intensiver Beleuchtung der Kohlensäurevorrat zur Assimilation nicht aus, ist die Pflanze in der Lage, auch die gebundene Kohlensäure aus dem Hydrogenkarbonat, im Extremfall sogar aus dem Karbonat zu entziehen. Dabei fällt nach folgender Gleichung Calciumhydroxid an, jeder dieser Schritte ist mit einer Erhöhung des pH-Wertes verbunden:

$$Ca(HCO_3)_2 \longrightarrow CaCO_3 + CO_2 + H_2O$$
$$CaCO_3 + H_2O \longrightarrow Ca(OH)_2 + CO_2$$

Bei intensiver Assimilation großer Phytoplanktonpopulationen unter Langtagbedingungen in stehenden Gewässern sind Anstiege bis pH 10 beobachtet worden.

In zahlreichen aquarienchemischen Veröffentlichungen wird, um diese Erscheinungen zu vermeiden, Wasser mit einer möglichst geringen Karbonathärte empfohlen; als Richtwert gelten 1 bis 2 Härtegrade. Das ist jedoch nur bedingt richtig, gerade solche Wässer besitzen eine äußerst geringe pH-Stabilität und neigen außerdem sehr schnell auch zum entgegengesetzten Extrem – der pH-Wert sinkt rasch in den sauren Bereich. Eigenartigerweise wird in der aquaristischen Literatur oft auf die Gefahr einer zu hohen Alkalität verwiesen, in der Praxis erhalte ich jedoch oft Zuschriften typischer »Weichwasseraquarianer«, denen der pH-Wert trotz aller Neutralisationsversuche immer wieder in den sauren Bereich abrutscht. Diese Verhältnisse müssen im Zusammenhang mit den Stoffwechselvorgängen im Aquarium betrachtet werden.

Sehen wir uns deshalb zwei Fälle bei unterschiedlicher Karbonathärte einmal etwas genauer an:

1. Niedrige KH, maximal 1,5°dH

Es ist keine Kohlensäure nötig, um das Calciumkarbonat in Lösung zu halten. Die vorhandene Kohlensäure ist aggressiv, eine Pufferwirkung besteht nicht. Unter Pufferung versteht man dabei die Fähigkeit, die H^+- oder OH^--Ionenkonzentration saurer bzw. basischer Lösungen zu verringern, ebenso wie etwa der Puffer an einem Eisenbahnwagen die Wirkung eines Stoßes beim Rangieren abschwächt, wenn dieser Vergleich auch sehr stark vereinfacht ist. Durch die nun bei den Stoffwechselvorgängen frei werdende Kohlensäure sinkt der pH-Wert in den sauren Bereich. Das trifft besonders dann zu, wenn durch geringes Wasserpflanzenwachstum (Zucht- bzw. Aufzuchtaquarien) kein CO_2-Verbrauch erfolgt. Ein typisches Beispiel dafür sind auch Aquarien mit Diskusbuntbarschen, in denen, durch hohe Temperaturen bedingt, Wasserpflanzen meist fehlen. In diesen Fällen wird ein stabiler pH-Wert nur erreicht, wenn bei einem möglichst geringen Kohlensäureangebot durch entsprechende Aquarienhygiene (geringe Besatzdichte, sparsame Fütterung, Wasserwechsel, Betrieb eines Injektorfilters) das gelöste CO_2 auch gleichzeitig weitgehend ausgetrieben wird. Wenn jedoch trotz dieser Maßnahmen der pH-Wert weiter in den sauren Bereich absinkt, empfiehlt es sich dennoch, die Karbonathärte etwas zu erhöhen, allen gegenteiligen Meinungen zum Trotz! Die in der Literatur oft erwähnte Methode der Neutralisation mit Natronlauge ist in diesem Falle ungünstig, da sie keine Dauerlösung darstellt. Hier wird zwar für den Moment der pH-Wert wirkungsvoll korrigiert, aber die Ursachen bleiben unverändert. Somit ist nach kurzer Zeit ein erneutes Absinken des pH-Wertes zu beobachten.

Aber auch ein gegenteiliger Effekt ist möglich. Ein dichter Wasserpflanzenbesatz wird den geringen CO_2-Gehalt durch Assimilation schnell aufbrauchen und dann das Hydrogenkarbonat bzw. Karbonat angreifen (vergl. S. 42). Die Folge wäre eine pH-Verschiebung in den alkalischen Bereich. Diese Reaktion stößt jedoch

Keilfleckbarben (links *Rasbora heteromorpha*, rechts *R. hengeli*) galten früher einmal als »Problemfische«, heute stellen Aquarienpopulationen geringere Ansprüche an das Zuchtwasser

sehr schnell an ihre Grenzen, da in so weichen Wässern der nur geringe vorhandene Kalkgehalt baldigst verbraucht wäre, die Pflanzen würden dann unter CO_2-Mangel leiden, wenn nicht ein hoher Fischbesatz vorhanden ist. In diesem Falle wäre die pH-abhängige CO_2-Dosierung (»Düngung«) ideal anzuwenden (vergl. S. 36).

Prinzipiell zeigt sich jedoch, daß extrem karbonatarme Wässer gar nicht so leicht zu handhaben sind, wenn sie auch zur Zucht mancher Fischart unbedingt erforderlich scheinen. Gesellschafts- und Schauaquarien sind auf jeden Fall bei etwas höherer Karbonathärte wesentlich leichter zu beherrschen.

2. Karbonathärte über 1,5 °dH

Zur Aufrechterhaltung dieser Verhältnisse ist eine gewisse Menge Gleichgewichtskohlensäure erforderlich. Wird nun Kohlensäure diesem Gleichgewicht durch Assimilation der Wasserpflanzen entzogen, fällt eine äquivalente Menge Kalk aus. Damit ist das Gleichgewicht erneut hergestellt. Dieser Prozeß ist mit einer geringfügigen pH-Erhöhung in den alkalischen Bereich verbunden, der jedoch bei höheren Karbonathärten und entsprechend höheren Gehalten an Gleichgewichtskohlensäure nicht wesentlich in Erscheinung tritt. Neue Kohlensäurezufuhr, z. B. während der Nachtstunden, führt zur Kalkrücklösung, das Gleichgewicht ist erneut hergestellt. Ein Absinken des pH-Wertes in den unerwünscht sauren Bereich kann dadurch nicht erfolgen. Damit besitzen härtere Wässer grundsätzlich eine größere pH-Stabilität! Wird nun unter derartigen Wasserverhältnissen ein Aquarium mit einem ausgewogenen Fisch- und Pflanzenbesatz gepflegt, ist das beschriebene Gleichgewicht recht stabil. Zusätzliche Manipulationen, wie z. B. eine CO_2-»Düngung« der Wasserpflanzen, sind hier überflüssig und würden erst wieder bei ausgesprochenen Wasserpflanzenmonokulturen eine Berechtigung erhalten.

Der Gehalt an Gleichgewichtskohlensäure darf einen Wert von etwa 20 mg/l nicht überschreiten, da sie sonst für die meisten Fische giftig wirkt. Entsprechend der Tabelle nach Popp ist bei 20 °C Wassertemperatur einer Gleichgewichtskohlensäurekonzentration von 20 mg/l eine Karbonathärte von 11,5 °dH zuzuordnen. Die Karbonathärte kann also zwischen 1,5 und 12 °dH liegen. Höhere Karbonathärten sind aquaristisch ungeeignet.

Tabelle 2: Zugehöriger Kohlensäuregehalt von im Kalk-Kohlensäure-Gleichgewicht befindlichen Wässern bei Temperaturen von 5 bis 20°C (nach Popp)

Karbonat-härte (°dH)	5°C	10°C	15°C	20°C
	Gleichgewichtskohlensäure (mg/l)			
1,0	–	–	0,01	0,01
2,0	0,07	0,08	0,09	0,23
3,0	0,23	0,26	0,30	0,35
4,0	0,54	0,63	0,73	0,84
5,0	1,06	1,21	1,40	1,62
6,0	1,82	2,10	2,43	2,81
7,0	2,90	3,36	3,88	4,48
8,0	4,30	4,97	5,75	6,64
9,0	6,14	7,10	8,21	9,49
10,0	8,45	9,77	11,3	13,1
11,0	11,4	13,0	15,1	17,4
12,0	14,6	16,8	19,5	22,5
13,0	18,6	21,5	24,8	28,7
14,0	23,2	26,8	31,0	35,9
15,0	28,6	33,0	38,2	44,2
16,0	34,6	40,0	46,2	53,4
17,0	41,5	48,0	55,5	64,1
18,0	49,3	57,0	65,9	76,2
19,0	57,8	66,8	77,3	89,9
20,0	67,5	78,0	90,2	104,3

Für die aquaristische Praxis gibt es allerdings keine *optimale* Karbonathärte, die allen Ansprüchen genügt. Hier sind die unterschiedlichen Anforderungen unserer Pfleglinge zu berücksichtigen. Allgemein gilt: Werden aufgrund der Ansprüche bestimmter Fischarten extreme Weichwasserbedingungen gefordert, ist der pH-Wert häufig zu korrigieren. Mittlere Karbonathärten (KH 1,5 bis 12°dH) sind aufgrund ihres Puffervermögens leichter regulierbar, wenn der Besatz von Fischen und Pflanzen in einem ausgewogenen Verhältnis steht. Die pH-Schwankungen als Folge von Kalkausfällungen (biogene Entkalkung) können höchstens in reinen Wasserpflanzenkulturen zu Schwierigkeiten führen, besitzen aber im Normalaquarium keine Bedeutung, allen Theorien zum Trotz!

Wässer mit Karbonathärten über 12°dH sind für das Gesellschaftsaquarium ungeeignet, hier muß eine Aufbereitung durch Entsalzung erfolgen.

Interessanterweise hat aquaristischen Beobachtungen zufolge die

Die Klebkraft der Eier von *Nannostomus marginatus* hängt deutlich von der Karbonathärte des Zuchtwassers ab

Karbonathärte auch einen Einfluß auf die Haftfähigkeit von Fischlaich. Es konnte festgestellt werden, daß bei Karbonathärten um 10 bis 12°dH die Eier von *Nannostomus marginatus* nicht mehr am Laichsubstrat kleben bleiben, sondern nach unten fallen und problemlos abgesammelt werden können. Analoge Beobachtungen liegen von *Parosphromenus deissneri* vor. So konnte Foersch (1974) feststellen, daß bei 1,4°dH alle Eier haften blieben, aber bereits bei einer KH von 2,8°dH zu Boden fielen. Die These, je weicher, desto besser, ist keinesfalls allgemeingültig, wie bereits eingangs die Ausführungen über den natürlichen Lebensraum gezeigt haben.

Das Ionenverhältnis

Oftmals findet man im aquaristischen Schrifttum diese Thematik unter dem Stichwort Ionengleichgewicht. Dieser Begriff ist jedoch abzulehnen, denn es handelt sich dabei nicht um ein echtes Gleichgewicht, wie es beispielsweise das Kalk-Kohlensäure-Gleichgewicht darstellt.

In der Regel sterben Süßwasserfische, speziell die ausgesprochenen Weichwasserfische, wenn man sie in Seewasser setzt. Trotzdem können viele Arten in unterschiedlichem Maße verdünntes Seewasser noch vertragen. Bringt man dagegen diese Fische in eine Lösung eines definierten Salzes gleicher Konzentration (z. B. Kochsalzlösung in destilliertem Wasser), sind unweigerlich schwere Schäden die Folge.

Jedes natürliche Wasser, so auch Seewasser, enthält bekanntlich eine Reihe gelöster Salze, die hauptsächlich als ein- und zweiwertige Ionen vorliegen. Wenn wir wissen, daß die Lösung eines bestimmten Salzes schädlich wirkt, muß also das Verhältnis der unterschiedlichen Ionen eine physiologische Wirkung haben. Das ist in der Tat der Fall. Meist wurde bisher angenommen, daß das Verhältnis von ein- und zweiwertigen Ionen eine osmotische Bedeutung besitzt. Unter Osmose versteht man den selbsttätigen Konzentrationsausgleich gasförmiger oder flüssiger Stoffe durch eine semipermeable Membran. Solche Membranen sind beispielsweise auch die Eihülle oder die Zellwand. Die osmotische Wirkung beruht auf der Eigenschaft des Protoplasmas, zu quellen oder zu schrumpfen. Diese Erscheinungen sind u. a. von den elektrochemischen Eigenschaften der Salzionen, vom Ionenradius, der Ionenstärke usw. abhängig. Damit wird also eine Reihe osmotischer Erscheinungen sowohl durch die Konzentration als auch durch die Eigenschaften der einzelnen Ionen beeinflußt. So können die positiv geladenen Ionen beispielsweise zu einem Schrumpfungsvorgang, die negativ geladenen zur Quellung führen.

Bis hierher sind die Verhältnisse meist auch unter Aquarianern bekannt und wurden als einzige Begründung dafür angesehen, warum bei Störungen dieser Ionenverhältnisse Schäden im Organismus eintreten. Bei unseren Süßwasserfischen wird der Salzbedarf durch Aufnahme der entsprechenden Ionen aus der Umgebung gedeckt. Liegt nun in dieser Umgebung keine Mischung der verschiedenen ein- und zweiwertigen Ionen vor, sondern es ist nur eine definierte Salzlösung vorhanden, sollte man unabhängig von den osmotischen Erscheinungen doch auch eine allmähliche Veränderung des Ionenverhältnisses im Organismus erwarten. Dabei ist mit Störungen in den komplizierten biochemischen Reaktionen zu rechnen. Daß dies in der Tat so ist, konnte recht eindrucksvoll durch Eul (1974) gezeigt werden.

Da diese Erkenntnisse eine große aquaristische Bedeutung besitzen, sollen hier die wesentlichsten Erkenntnisse kurz vorgestellt werden:

Experimentell konnte am Neonsalmler bewiesen werden, daß ein grundsätzlicher Zusammenhang zwischen Todesursache und osmotischem Druck nicht existiert. Während isotonische Lösungen (gleicher osmotischer Druck) mit ausgewogenem Ionenverhältnis (verdünntes Meerwasser) noch gut vertragen wurden, wirkten reine Lösungen von Calcium-, Magnesium- und Kaliumsalzen bereits in hypotonischen (niedrigerer osmotischer Druck) Konzentrationen gegenüber dem Blut tödlich. Da bei Natriumsalzlösungen diese Verhältnisse anders liegen, ist weiterhin eine elementspezifische Wirkung zu diskutieren. Es konnte folgende Toxizitätsreihe gefunden werden:

$$Na^+ < Ca^{++} \approx Mg^{++} < K^+$$

Außerdem konnte ein Einfluß der Anionen festgestellt werden, wobei Nitrate wesentlich giftiger als Chloride wirken. Bei Veränderung der Konzentration einzelner, definierter Salzkomponenten gewann man dabei interessante Ergebnisse:

Bei einer Erhöhung der Na^+-Konzentration im Medium stieg auch die Natriumzunahme im Blut, bei hohen Konzentrationen sank der Kaliumgehalt. Es traten also aufgrund der Erhöhung der Natriumkonzentration im Wasser entscheidende Veränderungen im Organismus auf.

Hingegen konnte bei einer Erhöhung der Kaliumkonzentration im Medium eine Natriumanreicherung im Organismus gefunden werden. Die Giftwirkung von Kalium ist demnach indirekt. Auch das Kalium-Natrium-Verhältnis ist gestört. Dabei wurde gefunden, daß die Anreicherungen bei gleicher Konzentration des Außenmediums bei Männchen und Weibchen unterschiedlich sind. Die Weibchen reicherten wesentlich mehr Natrium an; wahrscheinlich reagieren hier die Ovarien sehr empfindlich (Depotfunktion der Ovarien).

Für die gesteigerte Aufnahme des Natriums ist ein höheres Maß an Stoffwechselenergie nötig. Das läßt sich an Hand der erhöhten Kiemenaktivität beobachten. Interessant sind in diesem Zusammenhang eine Reihe von Untersuchungen, die zeigen, daß beim

Übertritt ins Blut Natriumionen äquimolar gegen Ammoniumionen ausgetauscht werden, d. h., ein Na^+-Ion wird gegen jeweils ein NH_4^+-Ion ausgetauscht. Unnatürlich hohe Natriumaufnahme führt also zu einer ebenso großen Ammoniumausscheidung, die im Normalfall in derartigen Größenordnungen im Stoffwechsel nicht vorkommt. Das Ammonium muß in komplizierten Reaktionen durch den Organismus (Desaminierung von Aminosäuren, d. h. Eliminierung der Aminogruppe aus einer Eiweißverbindung) bereitgestellt werden. Damit wird aber der Proteinstoffwechsel entscheidend gestört. Nun wollen wir versuchen, diese interessanten Erscheinungen für die praktische Aquaristik auszuwerten:

Das Verhältnis der Ionen der im Wasser gelösten Salze ist für den Organismus physiologisch äußerst wichtig. Für die züchterische Praxis bedeutet das, daß nicht nur der absolute Wert des Gesamtsalzgehaltes, sondern auch das Verhältnis der unterschiedlichen Salzkomponenten untereinander das optimale Umweltmilieu bestimmt. Ein Wasser ohne Härtebildner, aber mit einer hohen Konzentration einwertiger Ionen ist ebenso ungeeignet wie ein hartes Wasser ohne die notwendigen einwertigen Ionen. Nun besitzen nahezu alle natürlichen Wässer ein ausgewogenes Ionenverhältnis, selbstverständlich in einem durch die natürliche Umwelt beeinflußten Schwankungsverhältnis. Das bedeutet, daß extreme natürliche Weichwässer auch kaum über gelöste einwertige Salze verfügen, andererseits in natürlich harten Wässern auch entsprechend viele einwertige Ionen vorhanden sind. Das wird in den Wasseranalysen von den natürlichen Fundorten in den Verhältnissen Wasserhärte : Gesamtsalzgehalt verdeutlicht.

Das bedeutet aber auch: Aquaristisch wenig geeignet sind in der Regel alle Wässer, die durch bestimmte Einflüsse oder Manipulationen mit nur einer Komponente überdurchschnittlich angereichert sind. Das geschieht z. B. häufig beim sogenannten Neutralaustausch (vergl. S. 55). Entsprechend sind auch auf der Grundlage von destilliertem Wasser künstlich hergestellte Wässer so aufzusalzen, daß wenigstens die vier Ionen K^+, Na^+, Ca^{++} und Mg^{++} sowie die entsprechenden Anionen vorliegen, d.h. in der Praxis darf nicht **nur** Kochsalz verwendet werden. Das ist ganz einfach möglich, indem man das destillierte Wasser mit hartem Leitungswasser entsprechend so lange versetzt, bis der gewünschte Salzgehalt erreicht ist.

Bei diesen Betrachtungen stoßen wir auf ein Kriterium, das, weil

Die Messung der Leitfähigkeit ist mit modernen Taschenmeßgeräten jederzeit problemlos möglich

es analytisch elegant nachweisbar ist, in den letzten Jahren aquaristisch allgemein anerkannt wurde, die elektrische Leitfähigkeit. Der Gesamtsalzgehalt kann, da das Wasser den elektrischen Strom um so besser leitet, je mehr Salze darin gelöst sind, durch Messung der Leitfähigkeit ermittelt und in der Maßeinheit Mikrosiemens (μS) angegeben werden. Obige Ausführungen zeigen deutlich, daß der Gesamtsalzgehalt, d. h. ein zahlenmäßiger Ausdruck für die Summe aller Salze oder gar der indirekte Meßwert der Leitfähigkeit, nicht die entscheidenden Ionenverhältnisse beschreibt und daher aus biologischer und aquaristischer Sicht vorsichtig bewertet werden sollte. Das ist auch das Argument der Gegner dieser Methode, die die Angabe der Leitfähigkeit nur in Verbindung mit einer umfassenden Salzanalyse sehen möchten. Diese Meinung ist zwar nicht falsch, aber in der Praxis können bei entsprechender Interpretation der Leitfähigkeitsmeßwerte durchaus brauchbare Ergebnisse gewonnen werden. Wir können in der Regel voraussetzen, daß in einem natürlichen Fischgewässer die Ionenverhältnisse ausbalanciert sind. Damit ist auch schon die Leitfähigkeit ein gut interpretierbarer Meßwert geworden, der in der praktischen Arbeit genügend aussagekräftig ist! Wenn wir daran denken, daß die Schwankungsbreite im Ionenverhältnis außerdem recht groß sein darf, kann entsprechend einem gemessenen Leitfähigkeitswert bereits mit erforderlicher Genauigkeit der Salzgehalt eines Zuchtwassers eingestellt werden. Fehlinterpretiert hingegen würde die Sache dann, wenn man entsprechend einem vorgegebenen Leitwert destilliertes Wasser unter Vernachlässigung des Ionenverhältnisses mit nur **einer** Komponente aufsalzen würde.

Insofern ist also die Leitfähigkeit bei Berücksichtigung der genannten Bedingungen durchaus eine sehr brauchbare Größe. Bedenken wir doch, über wie viele tropische Gewässer inzwischen Leitfähigkeitswerte veröffentlicht wurden! Hätte man jedesmal ein wasserchemisches Labor mitschleppen wollen, wären diese Untersuchungen wahrscheinlich bereits am ersten Wasserloch beendet gewesen.

Bei der Betrachtung des Ionenverhältnisses haben wir bisher meist nur die Kationen K^+, Na^+, Ca^{++} und Mg^{++} diskutiert, haben aber auch gesehen, daß die Anionen einen Einfluß ausüben. Selbstverständlich sind noch mehr anorganische Komponenten im Wasser gelöst, aber die vier genannten Kationen sind eigentlich in jedem Wasser am häufigsten vertreten. Entsprechend unseren derzeitigen Kenntnissen können wir bei der Betrachtung des Ionenverhältnisses (aber nur hier!) andere Kationen, wie z. B. Eisen usw., auf Grund ihrer geringen Konzentration wohl vernachlässigen. Es soll aber trotzdem noch ein Wort zum Eisengehalt gesagt werden, da bekannt ist, daß eine Reihe tropischer Gewässer einen extrem hohen Eisengehalt besitzen. Allerdings liegt der größte Teil des Eisens als ausgefälltes Eisen-III-hydroxid vor und befindet sich nicht in Lösung. Für die Pflanzenernährung spielt Eisen in Spurenkonzentrationen eine wichtige Rolle; ein großer Eisenüberschuß ist jedoch nicht erforderlich. Es wäre also völlig unnütz, die Verhältnisse eines tropischen Gewässers im Aquarium so nachzuahmen, daß der Bodengrund mit Eisenhydroxid bedeckt ist. Das könnte im Gegenteil sogar sehr gefährlich werden, wenn sich Hydroxidflocken in den Kiemen absetzen.

Wir haben bei der Behandlung der Wasserhärte festgestellt, daß hauptsächlich die Karbonathärte physiologisch wirksam, der Einfluß der Nichtkarbonathärte hingegen nur sehr unwesentlich ist. Hier muß man einschränken, daß bei sehr geringen Karbonathärten die Nichtkarbonathärte sehr wesentlich das Ionenverhältnis mitbestimmt. Treten aber bei total verschobenen Ionenverhältnissen Schäden im Organismus auf, dann liegt das, wie schon gesagt, in erster Linie eben an diesen Ionenverhältnissen und nicht an der Nichtkarbonathärte.

In mittelharten bis harten Wässern gibt es aquaristisch zur Aufrechterhaltung eines geeigneten Ionenverhältnisses keine Probleme. Auftretende Schwankungen liegen innerhalb der Toleranzgrenze. Schwieriger wird das schon bei dem extremen Weichwasser unserer Diskusfreunde. In der Natur wird das Wasser ständig ausgetauscht, hingegen kann es in der »stagnierenden Pfütze« Aquarium bei ungenügendem Wasserwechsel durch Stoffwechselprodukte zu Nitratanreicherungen kommen, und damit können die einwertigen Ionen stark überwiegen. Die in der aquaristischen Literatur mitunter empfohlene Gegenmaßnahme, dann eine entsprechende Menge zweiwertiger Salze zuzugeben, führt zwar wieder zu einem Ausgleich, ist aber nichts als eine Idee vom grünen Tisch des Theoretikers. Wer solch extrem weiches Wasser verwendet (das sich in vielen Beziehungen schwieriger handhaben läßt), hat dafür auch durch die Anforderungen der zu pflegenden Fische seine Gründe. Also wird man das Wasser nicht künstlich aufhärten, sondern sinnvollerweise seine Bequemlichkeit überwinden und öfter oder regelmäßiger das Wasser wechseln!

Senkung des Salzgehaltes

Bei unseren mehr oder weniger mineralisierten Ausgangswässern kommt den Methoden der Entsalzung bei der Haltung und Zucht tropischer Weichwasserfische eine wesentliche Bedeutung zu. Es ist darum nicht verwunderlich, daß in der Vergangenheit alle möglichen Verfahren auf ihre Anwendbarkeit in der Aquaristik hin untersucht wurden. Demzufolge sind in entsprechenden aquaristischen Fachbüchern auch Dutzende mögliche (und unmögliche) Verfahren zur Enthärtung und Entsalzung beschrieben worden. Wer die Ausführungen über das Ionenverhältnis gelesen hat, wird erkennen, daß es höchste Zeit wird, sich auf aquaristisch und damit biologisch sinnvolle und universell einsetzbare Verfahren zu konzentrieren und ungeeignete Methoden, wie z. B. das Oxalsäureverfahren, das Trinatriumphosphatverfahren oder auch den sogenannten Neutralaustausch, aus dem aquaristischen Anwendungsbereich zu streichen. Es ist zwar richtig, daß bei bestimmten Wässern auch mit Hilfe des Neutralaustausches gute Ergebnisse erzielt werden können, aber das ist kein Regelfall. Da dem Aquarianer nur wenig damit gedient ist, alle Spezialfälle zu behandeln, wollen wir uns deshalb auf die Verfahren beschränken, die unter allen Bedingungen einsetzbar sind. Generell gilt als Grundbedingung:

Alle Methoden, die einschneidend das Ionenverhältnis verändern (auch die Eliminierung der Härtebildner Calcium und Magnesium ohne gleichzeitige Verminderung der einwertigen Ionen), sind aquaristisch ungeeignet.

Damit bleiben für die praktische Aquaristik lediglich drei Verfahren übrig, die sich trotz völlig unterschiedlicher chemischer und physikalischer Mechanismen in ihrem Effekt weitgehend ähnlich sind:

- Destillation des Wassers und anschließender Verschnitt des Reinwassers mit Rohwasser bzw. künstliche Aufsalzung, am besten mit Seesalz,
- Vollentsalzung mittels Ionenaustausch und anschließender Verschnitt des Reinwassers mit Rohwasser bzw. künstliche Aufsalzung,
- Umkehrosmose und anschließender Verschnitt des Reinwassers (Permeat) mit Rohwasser bzw. künstliche Aufsalzung.

Mit destilliertem Wasser kann durch »Verdünnung« jeder gewünschte Salzgehalt eingestellt werden. Die Destillation von Wasser ist jedoch aufgrund des hohen Energie- und Kühlwasserbedarfes wirtschaftlich für den Liebhaber nicht vertretbar und nur zur

Anwendung für den Gelegenheitszüchter zu empfehlen, der die benötigten Mengen käuflich erwerben kann.

Die Vollentsalzung mittels Ionenaustausch stellte lange Zeit in der Aquaristik die am häufigsten angewendete Methode dar, allerdings steht der Aufwand zur Regenerierung der Austauscher einer universellen Nutzung entgegen.

In den letzten Jahren verdrängte die Umkehrosmose aufgrund ihrer Einfachheit beim Betrieb und ihrer Wirksamkeit die älteren Verfahren sehr schnell. Hier ist ein ganz entscheidender Fortschritt in der (aquaristischen) Wasseraufbereitung zu sehen.

Da jedoch sowohl Ionenaustauscher als auch Umkehrosmoseanlagen in der Aquaristik präsent sind, sollen beide Methoden kurz behandelt werden.

Vollentsalzung durch Ionenaustausch

Ionenaustauscher sind organische Polykondensations- oder Polymerisationsprodukte (sog. Austauscherharze), die als aktives Zentrum austauschfähige Gruppen enthalten. Je nach Art dieser Gruppen lassen sich Kationen oder Anionen austauschen, man unterscheidet danach Kationen- und Anionenaustauscher.

Der mit Wasser gequollene Austauscher wird mit einem definierten Ion »beladen«, d. h., dieses Ion lagert sich an das aktive Zentrum an und kann dann gegen ein anderes Ion ausgetauscht werden. Zum Beispiel wird beim (aquaristisch unbrauchbaren) Neutralaustausch ein Kationenaustauscher mit Na^+-Ionen beladen, die dann gegen Calcium- und Magnesiumionen ausgetauscht werden. Im Ablauf wären dann keine Härtebildner mehr nachweisbar, dafür ist das Wasser mit der äquivalenten Menge Natriumionen angereichert:

$$Na_2\text{-Austauscher} + Ca^{++} \longrightarrow Ca\text{-Austauscher} + 2\,Na^+$$

Dieser Vorgang verläuft so lange, bis alle Natriumionen gegen Calciumionen ausgetauscht sind, d. h. der Austauscher erschöpft ist. Dann kann dieser Austausch umgekehrt werden, durch eine Koch-

Importtiere des Diskusbuntbarsches erfordern zur Pflege und Zucht nahezu vollentsalztes Wasser

salzlösung wird der Ionenaustauscher regeneriert, also in die Na-Form zurückgeführt.

Die Vollentsalzung basiert auf der Kombination eines Kationen- und eines Anionenaustauschers. Durch Beladen (Regenerierung) mit einer Säure bzw. einer Lauge liegen die Austauscher in der H^+-Form bzw. OH^--Form vor. Dabei ergeben sich folgende Austauschvorgänge:

1. Stufe: H-Austauscher + NaCl $\longrightarrow$ Na-Austauscher + HCl
2. Stufe: OH-Austauscher + HCl $\longrightarrow$ Cl-Austauscher + H_2O

Das Beispiel Natriumchlorid steht stellvertretend für alle anderen Salze. Allgemein heißt das:

1. Stufe: Die H^+-Form des Kationenaustauschers tauscht alle Kationen gegen H^+-Ionen aus. Mit den entsprechenden Anionen entstehen freie Mineralsäuren, der Ablauf reagiert stark sauer.

2. Stufe: Die OH⁻-Form des Anionenaustauschers tauscht alle Anionen gegen OH^--Ionen aus. Die aus dem Kationenaustausch stammenden H^+-Ionen und die vom Anionenaustausch herrührenden OH^--Ionen ergeben zusammen Wasser, der Ablauf reagiert neutral.

Beide Austauschersäulen müssen sich in ihrer Kapazität entsprechen. Ist das nicht der Fall, reagiert das »vollentsalzte« Wasser sauer oder alkalisch, weil es eben nicht vollständig entsalzt ist. Bei größerem Gehalt an CO_2 wird die Neutralität des Ablaufes nicht genau erreicht. Hier ist aber eine anschließende Neutralisation einfacher und billiger als die Verwendung weiterer Spezialaustauscher, denn anschließend salzen wir durch Verschnitt mit dem Ausgangswasser ja doch wieder etwas auf. Man hüte sich vor Übertreibungen jeglicher Art, wir wollen doch nur ein salzarmes, aber kein salzfreies Aquarienwasser erreichen. Der geringe Salzgehalt, der bei der Neutralisation bleibt, kann darum vernachlässigt werden.

Die chemische Industrie liefert für viele Spezialfälle eine so große Austauscherpalette, daß dem »Spieltrieb« bei der Wasseraufbereitung kaum Grenzen gesetzt sind. Für die aquaristische Praxis haben sich universell einsetzbare Kationen- und Anionenaustauscher bewährt. Es soll jedoch bewußt auf die Empfehlung bestimmter Firmenprodukte verzichtet werden. Bei der Vielfalt möglicher Austauscherharze lasse man sich von den betreffenden Herstellern bzw. vom Fachhandel beraten.

Bei derartigen Aufbereitungsverfahren ist stets auf die Kapazität zu achten, da bei erschöpftem Austauscher natürlich keine Wirkung mehr zu erzielen ist. Insofern verdient eine Entwicklung Beachtung: der Austauscher mit pH-Indikator. Es werden Ionenaustauscher angeboten, die ihren Beladungs- bzw. Erschöpfungszustand durch Farbänderung anzeigen. Die Anwendung dieser Austauschertypen bietet natürlich erhöhte Sicherheit. Über den Aufbau von Austauscheranlagen sowie die erforderlichen Arbeitsgänge bei der praktischen Entsalzung und Regenerierung ist in der Fachliteratur schon oft genug berichtet worden bzw. findet man die nötigen Angaben auch in den Begleitprospekten der Hersteller; wir wollen daher nur noch einige spezielle Hinweise geben, die für den Umgang mit Ionenaustauschern von Bedeutung sind:

Ionenaustauscher sind ständig im gequollenen Zustand, d. h. vollständig unter Wasser, aufzubewahren. Einmal eingetrocknete

Austauscher sind irreversibel geschädigt und können nicht mehr verwendet werden.

Frische Ionenaustauscher können produktionsbedingte Rückstände enthalten, die für Fische schädlich sind. Vor Inbetriebnahme sind die Austauscher einige Stunden zu spülen, gegebenenfalls kann ein Fischtest durchgeführt werden, um sich von der Sauberkeit zu überzeugen.

Ionenaustauscher, die längere Zeit nicht benutzt worden sind, können sich, besonders in Glassäulen unter Sonneneinstrahlung, geringfügig zersetzen. Das erste entnommene Wasser riecht deutlich. Daher sind Austauscher nach längerem Stehen frisch zu regenerieren. Das ist besonders für den Gelegenheitszüchter wichtig, der nur alle paar Monate einmal einen Zuchtversuch mit entsalztem Wasser durchführt. In diesem Falle ist die Verwendung von destilliertem Wasser trotz des beachtlichen Preises günstiger.

Der entscheidende Nachteil aller Austauscheranlagen ist die Regenerierung mit Säure bzw. Lauge, vor allem dann, wenn sich die Aquarienanlage in Wohnräumen befindet.

Umkehrosmose

Die Umkehrosmose, heute z. B. in der Seefahrt zur Entsalzung von Meerwasser nicht mehr wegzudenken, ist ein modernes Wasseraufbereitungsverfahren, das durch seine einfache Anwendung und durch seine Wirksamkeit besticht. Es darf zu Recht als eine Revolution in der (aquaristischen) Wasserentsalzung angesehen werden. Durch Wegfall der bei Ionenaustauschern zur Regenerierung notwendigen »Matscherei« mit Säuren bzw. Laugen ist die Umkehrosmose darüber hinaus auch ein umweltfreundliches und wirtschaftliches Verfahren.

Zum Verständnis der Funktionsweise der Umkehrosmose sei an unsere Kenntnisse der Osmose selbst erinnert. Osmotische Vorgänge sind bei allen lebenden Organismen anzutreffen und beruhen auf der Durchdringung von Stoffen durch eine halbdurchlässige (semipermeable) Membran, z. B. der Zellmembran. Semiper-

Moderne Umkehrosmoseanlage

meabel nennt man eine Membran, die nur Moleküle des Lösungsmittels, nicht aber Moleküle des gelösten Stoffes durchläßt. Trennt nun eine solche Membran beispielsweise Wasser von einer Salzlösung, kann ein Konzentrationsausgleich nur dadurch erfolgen, daß die Wassermoleküle durch die Membran dringen und versuchen, die Salzlösung unendlich zu verdünnen. Das führt zu einer Volumenvergrößerung der Salzlösung. Befindet sich diese in einem begrenzten Raum, entsteht dabei zwangsläufig ein Überdruck. Ab einem bestimmten Gegendruck kann das Wasser die Membran nicht mehr durchdringen, das osmotische Gleichgewicht ist erreicht. Diesen osmotischen Druck kann man mittels der durch den Botaniker W. Pfeffer entwickelten Anordnung messen.

Wird nun auf der Lösungsseite künstlich ein Druck erzeugt, der größer als der osmotische Druck ist, läßt sich das Wasser aus der Lösung durch die Membran drücken. Diesen Vorgang bezeichnet man als umgekehrte Osmose. Nach der Entwicklung und Herstellung geeigneter Membranen aus Polymeren sowie einer strömungstechnisch optimalen Gestaltung der Umkehrosmosezelle, des sogenannten Moduls, setzte sich diese elegante Methode sehr schnell in den unterschiedlichsten Bereichen durch. Die erforderlichen Drücke werden durch eine Pumpe erzeugt. Heute gibt es bereits kleine, aber leistungsfähige Geräte, die serienmäßig mit Leistungen von 4 bis 15 Liter/Stunde angeboten werden.

Neben den Vorteilen der einfachen Handhabung ist vor allem die hohe Wirksamkeit moderner Umkehrosmoseanlagen hervorzuheben. So wird das aufzubereitende Wasser nicht nur entsalzt, gleichzeitig werden auch organische Schadstoffe, Bakterien, Viren usw. abgetrennt. Die beigefügte Tabelle verdeutlicht diese Eliminierungsraten bei Einsatz eines modernen Polysulfonwickelmoduls:

Tabelle 3: Wirksamkeit einer modernen Umkehrosmoseanlage

Inhaltsstoff	Entfernungsrate (%)	Inhaltsstoff	Entfernungsrate (%)
Calcium	ca. 99	Blei	99
Magnesium	ca. 99	Kupfer	bis 98
Natrium	ca. 98	Nickel	99
Kalium	ca. 98	Zinn	99
Phosphat	ca. 99	Zink	92–99
Sulfat	ca. 99,5	Silber	92–99
Chlorid	ca. 98	Chrom	92–99
Nitrat	ca. 97	Cadmium	92–99
Kieselsäure	ca. 96		
Hydrogenkarbonat je nach pH	bis 98		
org. Verbind.	70–100		
Bakterien, Viren usw.	99,99		
Pyrogene, Endotoxine	99,99		

(nach Angaben der Fa. Aquatec/Witten)

Auch wenn der Anschaffungspreis einer Umkehrosmoseanlage etwas höher als bei einer herkömmlichen Ionenaustauscheranlage liegt; die Vorteile und vor allem wesentlich geringere Betriebskosten sprechen in der Aquaristik eindeutig für dieses moderne Verfahren.

Sauerstoff

Sauerstoff spielt bei fast allen Lebensvorgängen eine entscheidende Rolle. Bei unseren aquarienchemischen Betrachtungen sind wir in den einzelnen Kapiteln immer wieder auf die Bedeutung des Sauerstoffs gestoßen und wollen, ohne eine wissenschaftliche Betrachtung des Sauerstoffhaushaltes durchzuführen, die wesentlichen Beziehungen zusammenfassen.

Gasförmiger Sauerstoff ist in Abhängigkeit von der Temperatur und dem Luftdruck im Wasser gelöst und erreicht einen sogenannten Sättigungswert, das heißt, es stellt sich ein Gasgleichgewicht zwischen dem Sauerstoffgehalt in der Luft und im Wasser ein. Dieser Sättigungswert liegt im Süßwasser im aquaristisch relevanten Temperaturbereich bei 8 bis 8,5 mg/l O_2. Unter besonderen Bedingungen (intensive Assimilation in dicht bepflanzten Aquarien unter extremer Beleuchtung, z. B. in Becken mit Tageslicht im Fenster während der Mittagsstunden) ist sogar die Möglichkeit der Sauerstoffübersättigung gegeben, die genannten Werte können vorübergehend überschritten werden. Die Folge kann eine Gasembolie im Blutkreislauf der Fische sein, auch unter dem Begriff Gasblasenkrankheit bekannt. Bei unseren heute gleichmäßig künstlich beleuchteten Aquarien sind solche Erscheinungen jedoch nahezu ausgeschlossen.

Viel häufiger tritt im Aquarium jedoch Sauerstoffmangel auf. Obwohl Messungen in den tropischen Heimatgebieten mitunter zeigen, daß viele Arten vorübergehend recht geringe Sauerstoffkonzentrationen noch tolerieren, können solche Werte von 1 bis 2 mg/l O_2 auf keinen Fall auf das Aquarium übertragen werden!

In der Natur gewährleistet bei ständig fließendem Wasser eine so geringe Sauerstoffkonzentration noch eine Mindestversorgung, im Aquarium hingegen wären diese Verhältnisse nicht mehr stabil, der geringe Restsauerstoff wäre sehr schnell aufgezehrt. Außerdem widerspiegeln solche Messungen nur Momentaufnahmen und geben keine Aussage über die Verhältnisse vorher und nachher!

Trotzdem wird in den letzten Jahren in der aquaristischen Fachliteratur gelegentlich empfohlen, möglichst geringe Sauerstoffgehalte anzustreben. Das erfolgt jedoch stets aus der einseitigen Sicht der Wasserpflanzenkultur, da bei niedrigen Sauerstoffkonzentrationen auch ein niedriges Redoxpotential erreicht wird (vergl. S. 71) und der Stickstoff dabei in der für die Pflanzenernährung optimalen reduzierten Form als Ammonium vorliegt. Im Interesse des Lebens der Fische sind jedoch derartige Verhältnisse in einem Aquarium grundsätzlich abzulehnen! Sauerstoffkonzentrationen im Aquarium von 4–5 mg/l O_2 stellen bereits die untere Grenze dar und erfordern akuten Handlungsbedarf!

Sauerstoff gelangt auf zwei Wegen in das natürliche Gewässer (und auch in das Aquarium):

– durch Gasaustausch mit der Luft über die Oberfläche. Dabei fördert eine vergrößerte Oberfläche (Wellen, Kaskaden bzw. im Aquarium Durchlüftung und Filterung) den Gasaustausch und damit den Sauerstoffeintrag,

– durch »biogene« Belüftung, d. h. durch die Assimilationstätigkeit des Phytoplanktons und der höheren Wasserpflanzen.

Die Möglichkeiten des Sauerstoffverbrauches sind hingegen vielseitiger:
– Atmungsvorgänge aller tierischen Organismen,
– Dissimilation des Phytoplanktons und der höheren Wasserpflanzen während der Nachtstunden,
– Zehrung durch den biochemischen Abbau der organischen Substanz.

Der Sauerstoffverbrauch überwiegt im Aquarium den Sauerstoffeintrag, wenigstens während der Nachtstunden. Inwieweit die Verhältnisse am Tage ausbalanciert sind, ist abhängig von der Fischbesetzung, dem Wachstum der Wasserpflanzen und dem hygienischen Zustand des Beckens. Damit ist die künstliche Steuerung des Sauerstoffhaushaltes eine echte Pflegemaßnahme. Mit technischen Methoden der Durchlüftung und richtiger Filterung ist diese Steuerung im Normalaquarium ohne Probleme durchführbar. Die Durchlüftung ist dabei so zu betreiben, daß nicht der Mulm durch das Becken gewirbelt wird. Auch Mulm zehrt Sauerstoff! Reichen diese Maßnahmen nicht aus, weil durch Übersetzung des Beckens usw. ein erhöhter Sauerstoffbedarf besteht, hilft als operative Maßnahme die Zugabe von Wasserstoffperoxid schnell und sicher (vergl. S. 71). Allerdings muß der nächste pflegerische Schritt in der Ursachenbeseitigung bestehen.

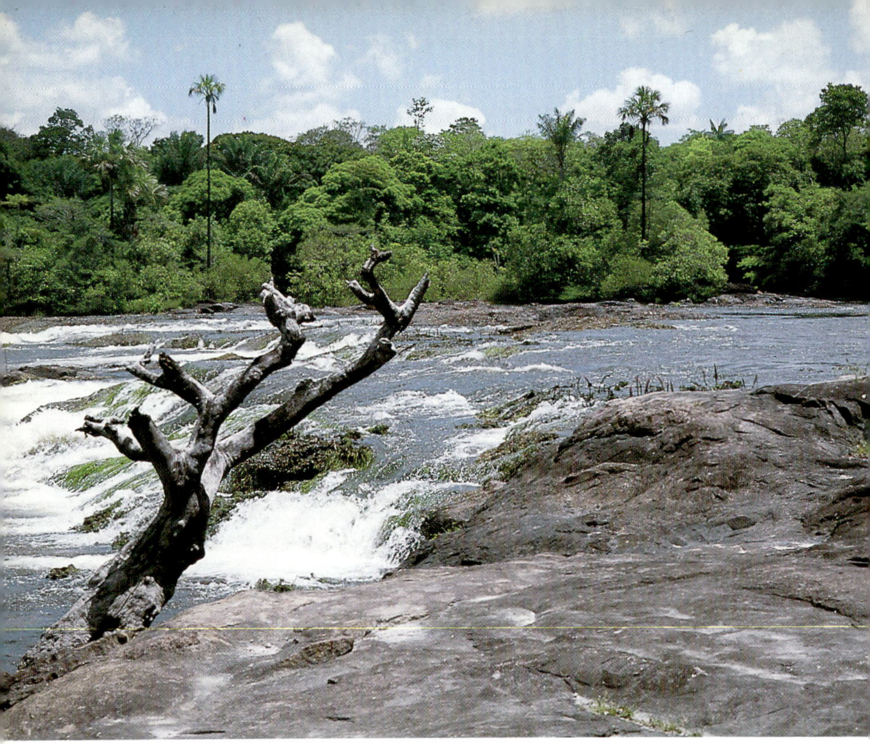

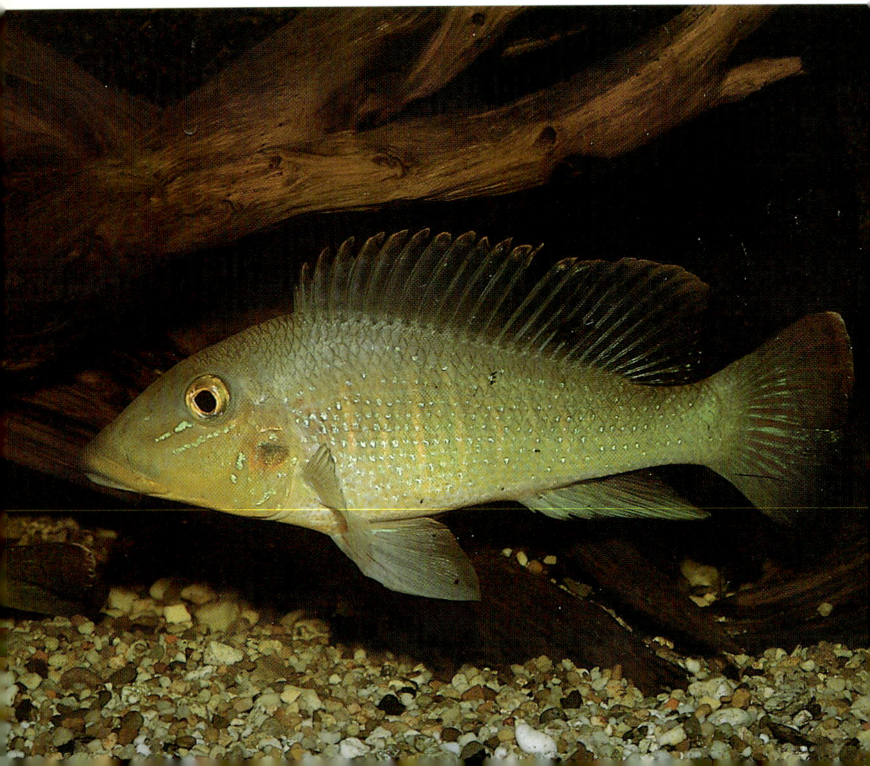

Die organische Belastung

Unserem Aquarienwasser wird laufend organische Substanz in Form von abgestorbenen Pflanzenteilen, tierischen Organismen (Futter usw.) und Ausscheidungsprodukten zugeführt. Auch abgestorbene Baumwurzeln als Dekorationsmittel stellen organische Substanz dar! Zwar sind diese Tatsachen allgemein bekannt und werden letztlich durch Wasserwechsel in ihrer Wirkung zumindest teilweise kompensiert, aber die eigentlichen Zusammenhänge zwischen der Zuführung der organischen Substanz und den dadurch ausgelösten Reaktionen sind trotz der entscheidenden Bedeutung für das Gesamtmilieu bisher relativ unberücksichtigt geblieben. Gerade auf diesem Gebiet können wir jedoch durch eine Reihe richtiger Pflegemaßnahmen entscheidende Milieuverbesserungen erreichen.

Die im Aquarium vorhandene und kontinuierlich nachgelieferte organische Substanz wird durch die Lebenstätigkeit von Mikroorganismen unter Sauerstoffverbrauch durch mannigfaltige Reaktionen oxidiert. Dieser Vorgang wird als Abbau bezeichnet. Im Idealfall werden die Stoffwechselprodukte stabilisiert (Umwandlung in nicht mehr abbaubare Verbindungen) oder zu den entsprechenden anorganischen Komponenten (CO_2, H_2O, NH_4^+, PO_4^{---}, SO_4^{--}) mineralisiert. Der stabilisierte, d. h. sehr schwer oder nicht mehr abbaubare Anteil besteht u. a. aus gelb bis bräunlich gefärbten Verbindungen (Gelbstoffe) und führt zu der bekannten Bernsteinfärbung des Altwassers. Dieser Abbau läßt sich durch folgendes, stark vereinfachtes Schema darstellen:

Eiweiß $\rightarrow$ Aminosäuren $\rightarrow$ Amine $\rightarrow$ Ammonium $\rightleftharpoons$ Nitrit $\rightleftharpoons$ Nitrat

Schnellfließende Gewässer zeichnen sich durch hohe Sauerstoffgehalte aus ...

... entsprechende Bedingungen sind bei der Haltung solcher Arten wie *Retroculus lapidifer* im Aquarium zu gewährleisten

Unter geeigneten Bedingungen verläuft dieser Abbau im Aquarium bis zum Nitrat. Sollte die Nitratstufe nicht erreicht werden und der Gehalt an Ammonium oder Nitrit ansteigen, ist das ein Alarmsignal!

Die mineralisierten Produkte bilden Ausgangsstoffe für eine erneute Biomasseproduktion; sie stellen die entscheidenden Pflanzennährstoffe dar. Diese Tatsache hat in der Vergangenheit zu dem weit verbreiteten, aquaristisch aber unsinnigen Begriff »biologisches Gleichgewicht« geführt. Damit sollte ausgedrückt werden, daß diese Verhältnisse im ewigen Kreislauf ein mehr oder weniger stabiles Gleichgewicht ausbilden. Das ist zwar in natürlichen, unbeeinflußten Ökosystemen der Fall, im Aquarium jedoch unmöglich, da allein durch die Fütterung in dieses »Gleichgewicht« ein ständiger Eingriff von außen erfolgt. Es wird nun von anderer Seite immer wieder behauptet, daß ein Abbau im Aquarium überhaupt nicht stattfände. Im folgenden soll aber gezeigt werden, daß die anfallende Biomasse tatsächlich zu einem Teil durch Mikroorganismen abgebaut wird:

In einem lange genug »vor sich hin gammelnden« Aquarium zeigt eine Gelbfärbung des Wassers stabilisierte Produkte an. Durch Messung der Stickstoffkomponenten (NH_4^+, NO_2^-, NO_3^-) läßt sich eine Anreicherung nachweisen, die auf Mineralisation zurückzuführen ist. Letztlich ist diese Erscheinung auch experimentell beweisbar: Aus einem organisch stark belasteten Aquarium werden zwei Wasserproben entnommen. Eine Probe wird zur Abtötung vorhandener Mikroorganismen mit einem Gift versetzt. Dann werden beide Proben mit Sauerstoff gesättigt und verschlossen bei Raumtemperatur aufbewahrt. Nach fünf Tagen wird in beiden Proben die Konzentration an organischer Substanz und Sauerstoff gemessen. Ergebnis: Während sich die vergiftete Probe kaum verändert hat, ist in der anderen eine Abnahme der organischen Substanz und des Sauerstoffgehaltes als Folge des Abbaues nachweisbar.

Damit haben wir aber den Verfechtern des »biologischen Gleichgewichtes« in keiner Weise recht gegeben, denn dem Aquarium wird laufend Biomasse zugeführt, der Gehalt an organischer Substanz steigt ständig, und die Zufuhr ist, auf eine bestimmte Zeiteinheit bezogen, wesentlich größer als der Abbau.

Diese Anreicherung mit abbaubarer organischer Substanz läßt sich analytisch verfolgen ($KMnO_4$-Verbrauch, bzw. besser, allerdings auch aufwendiger, durch BSB_5-Bestimmungen). Da die organischen Komponenten oxidativ abgebaut werden können, wirken sie also reduzierend; das Redoxpotential verläuft in ungewarteten Aquarien daher prinzipiell in Richtung Reduktion (vergl. S. 70). Letztlich müßte die gesamte eingebrachte Biomasse im »Gleichgewichtsfall« nach Durchlaufen des Abbauprozesses in umgewandelter Form (als Zuwachs- und Vermehrungsrate der Fische, Algen und Wasserpflanzen) wieder entstehen. Das ist nicht der Fall, und es wurde bereits durch so zahlreiche Rechenbeispiele bewiesen, daß es hier nicht wiederholt werden muß. Damit ergeben sich für die praktische Aquaristik folgende Schlußfolgerungen:

Es gibt kein biologisches Gleichgewicht im Aquarium; durch Beeinflussung von außen entsteht weit mehr organische Substanz, als biologisch abgebaut werden kann. Da die Konzentration an organischer Substanz entscheidend das Gesamtmilieu beeinflußt, muß sie durch technische und pflegerische Maßnahmen weitgehend verringert werden. Die entscheidende Beeinflussung läßt sich mit dem Schlagwort »Aquarienhygiene« am besten bezeichnen, wobei hygienisch nicht mit steril verwechselt werden darf.

Trotzdem ist die Mineralisierung von Stoffwechselendprodukten so groß, daß der organische Stickstoffgehalt ansteigt. Es wird mehr Stickstoff freigesetzt, als von den Pflanzen aufgenommen werden kann. Unsere Becken sind in der Regel also überdüngt. Es ist somit (wenn man von ausgesprochenen Wasserpflanzenbecken absieht) Unfug, Aquarien mit Stickstoffverbindungen »düngen« zu wollen.

Reduktions-Oxidationsreaktionen

Wir haben bereits bei der Diskussion verschiedenster Reaktionen im Aquarium gesehen, daß diese mit Oxidationsvorgängen verbunden sind. Man denke nur an die Oxidation des Ammoniums zum Nitrat oder an die vielseitigen biochemischen Oxidationsreaktionen beim Abbau der organischen Substanz. Dabei ist jede Oxidation mit einer Reduktion verbunden. Das ist ganz einfach zu verstehen, wenn wir die Sache einmal chemisch betrachten:

Reaktionen, bei denen Elektronen abgegeben werden, sind Oxi-

Mit Nährstoffen »überdüngte« Gewässer können mit Schwimmpflanzen völlig überwuchern und sind so vom Sauerstoffeintrag über die Oberfläche abgeschnitten

dationsreaktionen. Reaktionen, bei denen Elektronen aufgenommen werden, sind Reduktionsreaktionen. Chemische Prozesse, bei denen eine solche Übergabe und Übernahme von Elektronen stattfindet, werden als Reduktions-Oxidationsreaktionen oder kurz als Redoxreaktionen bezeichnet. Bei einer Redoxreaktion werden also zwischen zwei Reaktionspartnern Elektronen ausgetauscht. Mit geeigneten Versuchsanordnungen kann man diese Elektronenübergänge messen und erhält eine Spannungsgröße in der Dimension Millivolt (mV). Diese wird als Redoxpotential bezeichnet. Da nun das Redoxpotential sowohl von der Art der verwendeten Vergleichselektrode als auch vom pH-Wert der Lösung abhängig ist, wurde zum besseren Vergleich der einzelnen Messungen der Begriff des rH-Wertes (in Analogie zum pH-Wert) eingeführt. Dieser rH-Wert ist definiert als ein Maß für die Reduktionskraft eines Redoxsystems, bezogen auf gasförmigen Wasserstoff von 1 atm Druck.

Die entsprechende rH-Skala reicht von 0 bis 42, wobei der rH-Wert 0 der Ausdruck für ein stark reduzierendes Medium ist, der rH-Wert 42 charakterisiert extrem starke Oxidationsmittel. In der modernen Literatur findet man jedoch wieder Meßwertangaben in Millivolt, der rH-Wert hat sich nicht durchsetzen können. Weitere theoretische Betrachtungen dazu würden aber den Rahmen des gesteckten Umfanges überschreiten.

Redoxpotentiale in biologischen Systemen sind seit Jahrzehnten bekannt, eigenartigerweise wird ihre Bedeutung für die Aquaristik nur selten diskutiert. Von biologischer und somit aquaristischer Wichtigkeit sind dabei speziell die Beziehungen zwischen den intrazellulären Redoxbedingungen und dem Redoxpotential des Mediums. Man nimmt an, daß die Zellen über einen gewissen Pufferungsmechanismus verfügen (sog. »reduktive Barriere«), der Redoxschwankungen im Milieu kompensiert. Erst, wenn die Kapazität der Pufferung nicht mehr ausreicht, verändert der äußere Einfluß das Zellpotential und führt zu Störungen.

Heute sind bereits mannigfaltige Einflüsse des Redoxpotentials auf den Stoffwechsel bekannt, z. B. auf Bildung und Funktion verschiedener Fermente, auf Zellwachstum, Zellteilung und Stoffwechsel. Pflanzliche und tierische Organismen lassen sich im Aquarium am Leben erhalten, wenn oxidierende und reduzierende Komponenten durch geeignete Pflegemaßnahmen in einem gewissen Gleichgewichtszustand gehalten werden. Der Begriff »Gleichgewicht« bedarf jedoch noch einer Erläuterung. In Anlehnung an das ominöse »biologische Gleichgewicht« ist man in der Aquaristik immer geneigt, darunter einen Zustand zu sehen, der sich von selbst auf einen mittleren Wert einpegelt. Gleichgewichte können aber auch nach einer Seite verschoben sein und sich dennoch im Gleichgewicht befinden. Das Redox-Gleichgewicht ist ein solcher Fall. Durch Fütterung, Stoffwechsel usw. wird laufend organische, d. h. letztlich auch reduzierende Substanz in das Becken gebracht. Da die erforderlichen Oxidationsmittel nicht in gleicher Menge vorhanden sind, trägt unser Gleichgewicht einen dynamischen Charakter und ist von der relativen Geschwindigkeit zweier entgegengesetzter Prozesse abhängig. Diese Tatsache ist für unsere weiteren Betrachtungen in der Aquaristik von besonderer Bedeutung, weil wir hier einen entscheidenden Unterschied zwischen den Verhältnissen in einem natürlichen, unbeeinflußten Gewässer und dem Aquarium feststellen können:

In großen (bzw. fließenden) natürlichen (und unbeeinflußten) Gewässern tendiert das Milieu grundsätzlich in Richtung Oxidation.

Im Aquarium sind diese Verhältnisse in der Regel genau umgekehrt, das Milieu tendiert in Richtung Reduktion. Da hilft weder ein noch so guter Filter noch kristallklares Wasser, denn besonders die gelösten organischen Stoffe nehmen am Stoffhaushalt teil und bestimmen die Redoxverhältnisse.

Im Aquarium finden laufend Elektronenübergänge, d. h. Redoxreaktionen statt. Ohne die Vielfalt der Einzelreaktionen erkennen zu können, erfassen wir diese in der Summe durch Messung des Redoxpotentials und verfügen damit über eine milieucharakteristische Größe. Vergleichen wir nun mehrere Meßergebnisse über einen Zeitraum von mehreren Tagen, läßt sich sehr gut die Tendenz erkennen, aus der Pflegemaßnahmen abzuleiten sind. Natürlich läßt sich kein optimales Redoxpotential für die Aquaristik nennen; eine Reihe von Fischen und Pflanzen ist z. B. an das Leben in organisch belasteten Gewässern besser angepaßt als andere.

Für die Praxis lassen sich diese teilweise theoretischen Betrachtungen in einer einfachen Forderung zusammenfassen: Entgegen dem Trend natürlicher Gewässer tendiert unser Aquarienwasser in Richtung Reduktion. Ziel unserer pflegerischen Maßnahmen muß es sein, diese Entwicklung aufzuhalten bzw. ihr entgegenzuwirken. Dabei hat man sich lediglich vor Übertreibungen zu hüten. Als Richtwert darf dennoch ein Redoxpotential von etwa 450 mV genannt werden. Unter diesen Verhältnissen ist die Oxidation der Stickstoffkomponenten zum Nitratstickstoff gewährleistet (vergl. S. 65), also ein eindeutig oxidatives Milieu erreicht.

Bleibt die Frage zu beantworten: Wie sind diese Forderungen auf geeignete Weise zu erfüllen?

Praktische Beeinflussung
der Redoxverhältnisse im Aquarium

Mehr oder weniger unbewußt beeinflussen wir das Redoxpotential mit natürlichen Mitteln, z. B. durch eine ausreichende Belüftung, einen ausgewogenen Tierbesatz, häufigen Wasserwechsel und in der Seewasseraquaristik durch den Betrieb von Eiweißabschäumern. Prinzipiell haben alle diese Maßnahmen einen gemeinsamen Effekt, nämlich die Belastung mit abbaubarer organischer Substanz, d. h. mit Reduktoren, in Grenzen zu halten. Eine Wasserdurchlaufanlage zum kontinuierlichen Wasserwechsel stellt dabei nahezu ein Optimum dar (vergl. S. 89). Diese ist natürlich nicht in jedem Falle zu realisieren, und deshalb gewinnt auch die Redoxpotentialsteuerung mit chemisch-technischer Basis an Bedeutung.

Die meisten organischen und anorganischen Redoxpuffer sind schon in geringer Konzentration für die Lebewesen im Aquarium giftig. Wir kennen nur zwei Substanzen, die sich bei richtiger Dosierung für die Anwendung im Aquarium eignen: Wasserstoffperoxid und Ozon. Beide haben den Vorteil, daß ihre Zerfallsprodukte absolut ungefährlich sind und dem Aquarienwasser keine Fremdstoffe zugeführt werden:

$$H_2O_2 \longrightarrow H_2O + O_{nasc.}$$
$$O_3 \longrightarrow O_2 + O_{nasc.}.$$

Der bei der Zerfallsreaktion frei werdende, im Augenblick seiner Entstehung atomare Sauerstoff (naszierender Sauerstoff) ist ein sehr reaktionsfähiges Oxidationsmittel, und so erhöhen beide Substanzen das Redoxpotential. Dabei ist Ozon ein so starkes Oxidationsmittel, daß sein Dauereinsatz in der Süßwasseraquaristik ohne geeignete Kontrollmethoden nicht empfohlen werden kann. Wesentlich geeigneter ist der Einsatz von Wasserstoffperoxid in entsprechender Verdünnung. Durch die Anwendung in sogenannten Oxydatoren ist sogar eine kontinuierliche Anwendung möglich geworden und besonders für Aquarien mit sehr großen Fischen und einem dementsprechend hohen Stoffumsatz empfehlenswert.

Natürlich kann man in solchen Aquarien auch diskontinuierlich Wasserstoffperoxid zugeben. Allerdings führt diese Methode zu plötzlichen Veränderungen des Redoxpotentials und einem anschließenden langsamen Absinken zurück auf den (schlechten) Ausgangswert. Solche Potentialsprünge sind von den Gegnern der Methode heftig kritisiert worden, jedoch hat diese Kritik nur dann eine Berechtigung, wenn mit Wasserstoffperoxid der »Katastrophenzustand« verhindert werden soll. Bei entsprechender Aquarienhygiene »springt« das Redoxpotential nämlich nur in einem vertretbaren Bereich, außerdem sind biochemische Reaktionen Zeitreaktionen, d. h. auch das erneute Absinken auf den bekannten »Gammelzustand« geht glücklicherweise recht langsam vor sich. Und noch eine Bemerkung: Es ist falsch, daß es in der Natur keine derartigen Potentialsprünge gäbe. Sie treten regelmäßig mit der Regenzeit und dem sich ausbildenden Hochwasser auf! In der aquaristischen Praxis hat sich unter den o. g. Bedingungen folgendes Rezept bewährt:

In Verbindung mit dem wöchentlichen (!) Wasserwechsel erfolgt eine Wasserstoffperoxidzugabe von 30 ml 3%iges H_2O_2 auf 100 l Wasser.

Blaualgenbekämpfung

Das Algenwachstum in Aquarien ist ebenfalls vom Redoxpotential abhängig. Einige Algenarten wirken geradezu als biologische Redoxindikatoren. Besonders sichtbar sind diese Verhältnisse bei Blau- und Grünalgen. Während Grünalgen bei hohen Redoxpotentialen ihr optimales Wachstum finden, bevorzugen Blaualgen niedrigere Potentiale. Andere Algen, z. B. Rotalgen, scheinen mittlere Redoxverhältnisse zu bevorzugen.

Ohne sie theoretisch begründen zu können, ist diese Erscheinung den Aquarianern schon lange bekannt. Nicht umsonst besagt eine alte Aquarianerweisheit, daß ein gutes Grünalgenwachstum Ausdruck eines gesunden Beckens ist, und wir wissen inzwischen, daß hohe Redoxpotentiale in der Tat eine hohe Reinheitsstufe des Wassers anzeigen.

Die vorwiegend bei niedrigen Redoxpotentialen und einem hohen Gehalt an organischer Substanz wachsenden Blaualgen sind aufgrund ihrer unangenehmen Eigenschaften seit jeher das Sorgenkind der Aquarianer. Es ist darum verständlich, daß im Laufe der letzten Jahrzehnte eine Fülle von Rezepten veröffentlicht wurde, um die Blaualgen zu bekämpfen. Die wenigsten sind wirklich brauchbar. Bei Kenntnis der optimalen Lebensansprüche der Algen ist jedoch ihre Bekämpfung durchaus möglich: Sie bevorzugen niedrige rH-Werte, also muß das Redoxpotential angehoben werden. Durch Wasserstoffperoxidzugabe in den beschriebenen Konzentrationen beim Wasserwechsel klappt das tatsächlich ganz ausgezeichnet. Natürlich wirken außer dem Redoxpotential noch eine Reihe anderer Faktoren, und insofern ist kein hundertprozentiger Erfolg garantiert. Wer aber diese Methode konsequent durchführt, wird mit Blaualgen selten Sorgen haben.

Ist nun ein Aquarium bereits mit einer Blaualgenpopulation befallen, weil die bisherigen Pflegemaßnahmen nicht ausreichend waren, ist im Interesse einer möglichst schnellen und wirksamen Bekämpfung folgende Maßnahmenkombination zu empfehlen:
– weitgehende mechanische Entfernung der Blaualgenbezüge,
– mechanisches Abfiltern der schwebenden Algenpartikel,
– Wasserwechsel unter Zugabe der angegebenen Menge Wasserstoffperoxid,
– Aufrechterhaltung des hohen Redoxpotentials.
Diese Methode läßt sich auch noch kürzer formulieren: Bei stabil gehaltenen optimalen Verhältnissen für den Fisch treten keine Blaualgen auf! Lassen wir unsere Aquarien jedoch »vergammeln«, schaffen wir den Blaualgen ideale Lebensbedingungen!

Ammonium-Ammoniak-Gleichgewicht

Ammoniumionen stehen mit Ammoniak in einem pH-abhängigen Gleichgewicht:

$$NH_4^+ + OH^- \rightleftharpoons NH_3 + H_2O$$

Während die im sauren Bereich vorliegenden Ammoniumionen

auch in höheren Konzentrationen für den Fisch ungefährlich sind, entsteht im alkalischen Bereich das giftige Ammoniak. Zur Charakterisierung des Gleichgewichtes sei die bekannte Tabelle von Wuhrmann und Woker (1949) angeführt:

pH-Wert	Ammoniak %	Ammonium %
6	0	100
7	1	99
8	4	96
9	25	75
10	78	22
11	96	4

Dieses Gleichgewicht ist außerdem etwas temperaturabhängig; bei niedrigen pH-Werten ist diese Abhängigkeit jedoch im aquaristisch interessanten Temperaturbereich sehr gering, höhere pH-Werte dürfen im Aquarium ohnehin nicht auftreten. Für die Praxis ist obige Tabelle daher ausreichend.

Ammoniak wirkt als Nervengift: je nach Empfindlichkeit und Wassertemperatur reagieren Fische bereits bei 0,2 bis 0,5 mg/l, Konzentrationen um 1,0 mg/l wirken in wenigen Stunden tödlich. Eine einfache pH-Kontrolle kann aber Ammoniakvergiftungen vorbeugen, denn in saurem bis neutralem Wasser kann gemäß obigem Gleichgewicht nichts passieren. Komplizierter wird das schon, wenn für Lebendgebärende Zahnkarpfen oder Cichliden aus den afrikanischen Seen pH-Werte im alkalischen Bereich benötigt werden. Hier muß durch ein hohes Redoxpotential ganz einfach dafür gesorgt werden, daß vorhandenes Ammonium zum Nitrat oxidiert wird.

Ammonium entsteht im Aquarium im wesentlichen an zwei Stellen:

– als Ausscheidung durch den Fisch, z.B. im Austausch gegen Natriumionen über die Kiemen,
– als »Endprodukt« des biochemischen Abbaus organischer Substanz durch Mikroorganismen.

Der Begriff »Endprodukt« wurde in Anführungsstriche gesetzt, da Ammonium zwar nicht weiter abbaubar, wohl aber weiter oxidierbar ist, und zwar über die Zwischenstufe des Nitrits zum Nitrat (vergl. S. 65). Damit sind auch die Stickstoffkomponenten am

Sauerstoffhaushalt beteiligt. Diese Ammoniumoxidation stellt eine Redoxreaktion dar und ist nach Mortimer (1942) so einzustufen:

NH_4^+/H_2S-Stufe = 100 mV
NH_4^+/O_2-Stufe = 200–350 mV
NO_2^-/O_2-Stufe = 350–400 mV
NO_3^-/O_2-Stufe = 450 mV

Wenn nun das Verhältnis Ammonium-Nitrat laufend gemessen wird, lassen sich gute Aussagen über die Entwicklungstendenz im Becken machen. In gesunden Aquarien soll die Entwicklung in Richtung Nitrat verlaufen; verschiebt sich das Gleichgewicht zugunsten des Ammoniums, ist es Zeit, einen ausgiebigen Wasserwechsel vorzunehmen. Diese Maßnahme kann durch Wasserstoffperoxid wirksam unterstützt werden.

Filterung

Nachdem wir uns umfassend mit den Stoffwechselvorgängen im Aquarium, vor allem auch mit der Bedeutung der abbaubaren organischen Substanz und ihrer Auswirkung auf den Chemismus des Wassers, vertraut gemacht haben, wollen wir versuchen, an Hand dieser Kenntnisse unsere Filtersysteme auf ihre Leistungsfähigkeit hin zu untersuchen.

Jede Form der Wasseraufbereitung beschränkt sich darauf, bestimmte Komponenten aus dem Wasser zu entfernen bzw. durch Umwandlung unwirksam zu machen. Je nachdem, wie viele Verfahren miteinander kombiniert werden, kann man eine immer bessere Beschaffenheit erreichen. In letzter Konsequenz läßt sich eine Aufbereitung bis zum Reinheitsgrad des destillierten Wassers treiben. Es ist aber nicht möglich, verunreinigtes Wasser mit technischen Mitteln so zu behandeln, daß das Ausgangswasser in gleicher Zusammensetzung wieder hergestellt wird, es sei denn, über die Stufe des destillierten Wassers mit anschließender Aufsalzung.

Damit kommen wir schon zur ersten aquaristisch wichtigen Aussage:

Es kann kein Filtersystem geben, das alle stoffwechselbedingten Veränderungen im Aquarienwasser kompensiert! Auch das perfekteste Filtersystem ersetzt auf die Dauer keinen Wasserwechsel.

Verfolgt man diesen Gedanken konsequent weiter, wird die Aufgabe eines Filters auf zwei Funktionen beschränkt: die Umwälzung und Belüftung des Wassers und dessen mechanische Klärung. Ein aquaristisch sinnvoller Filter ist also ein »mechanischer Schnellfilter«. Es ist dabei völlig gleichgültig, ob ein Filter als Außen- oder Innenfilter betrieben wird, vorausgesetzt, die Leistungsparameter entsprechen sich. Jedes System besitzt gewisse Vor- und Nachteile, und die Rückstände bleiben in jedem Falle bis zur nächsten Filterreinigung an irgendeiner Stelle im Kreislauf.

Das ist übrigens eine Tatsache von ganz entscheidender Bedeutung. Hieraus ist nämlich abzuleiten, daß das »kristallklare« Wasser eines Aquariums zwar eine gute Filterleistung dokumentiert, aber durchaus kein Maß für die Wasserqualität ist. Der Filter hält den Schmutz aber nur zurück, die Eliminierung erfolgt durch den Pfleger! Aus diesen Zusammenhängen läßt sich aber auch erkennen, daß das technisch ausgeklügeltste Filtersystem wenig taugt, wenn es nicht regelmäßig gewartet wird. Die Forderung einer regelmäßigen und möglichst einfachen, wenig arbeitsintensiven Wartung bestimmt dabei nicht nur maßgeblich die technische Ausführung eines mechanischen Filters ebenso mit wie Durchsatzleistung oder Wasserumwälzung, sondern auch wesentlich die Wahl des entsprechenden Filtermaterials. Der »kunstvolle« Mehrkammerfilter und der geschichtete Filter mit Kunstfaserwatte, Sand, Kies, Aktivkohle usw. ist für den aquaristischen Normalbetrieb nichts weiter als eine Spielerei! Ein Stück offenporiger Schaumstoff (große Oberfläche!) hat den gleichen Effekt, ist außerdem leichter zu reinigen und viel hygienischer!

Bisher wurde nur von einem mechanischen Filter gesprochen. Nach wie vor existieren in der Aquaristik jedoch noch die Träume von der sogenannten biologischen Filterung. Allein das beigefügte Wort »biologisch« läßt Wunderdinge erwarten, und man verkennt zu leicht, daß »biologisch« nicht gleichbedeutent mit »optimal für den Fisch« sein muß. Insofern erwarten viele Aquarianer von einem solchen Filtertyp die besten Wirkungen. Der Irrtum dieser Anschauungen wird jedem aber schon von selbst sichtbar, der die Ausführungen in den vorangegangenen Kapiteln aufmerksam gelesen hat. Rekapitulieren wir noch einmal:

Gelöste organische Wasserinhaltsstoffe werden entweder stabilisiert (Gelbstoffe) oder mineralisiert, im Idealfall bis zum Nitrat. Diese durch Mikroorganismen unter Sauerstoffverbrauch verursachte Umwandlung findet in bestimmtem Umfang in jedem Aquarium statt. Deshalb entsteht eben »bernsteinfarbenes Altwasser« und ein erhöhter Nitratspiegel, wenn der regelmäßige Wasserwechsel unterbleibt. Beides ist jedoch nicht erwünscht!

In einem biologisch »eingefahrenen« Filter siedeln sich nun Mikroorganismen auf der Filtersubstanz konzentriert an, die einen sogenannten »biologischen Rasen« bilden. Durch ständiges Durchströmen des Filters wird diesen Mikroorganismen nun immer neue organische Substanz herangeführt, die zu o.g. Produkten umgewandelt wird, vorausgesetzt, es steht genug Sauerstoff zur Verfügung. Mit anderen Worten: der aufgezeigte Effekt der Anreicherung des Wassers mit unerwünschten Abbauprodukten wird durch einen biologischen Filter verstärkt! Da die Eliminierung dieser Produkte

Steht die Haltung von Wasserpflanzen im Vordergrund, kann eine biologische Filterung positive Effekte zeigen

dann nur über einen Wasserwechsel (bzw. über spezielle Ionenaustauscher) möglich wird, kann man diesen auch gleich vornehmen und die organischen Inhaltsstoffe vor ihrer Umwandlung entfernen!

Nun siedeln sich Mikroorganismen in jedem Aquarium an, mit den Ergebnissen ihrer Lebenstätigkeit müssen wir fertigwerden. Je länger aber konzentriert an bestimmten Stellen umwandelbare organische Substanz abgelagert wird, wird diese auch verarbeitet. Damit wandelt sich jeder mechanische Filter nach einiger Zeit in einen »biologischen« um, und aus dieser Tatsache leitet sich nun sehr offensichtlich obige Forderung zur regelmäßigen Säuberung und damit Eliminierung der organischen Substanz aus dem Kreislauf ab.

Auf eine weitere Gefahr beim Betrieb eines nicht ordnungsgemäß gewarteten Filters sei hingewiesen. Ist die Filtermasse soweit zugesetzt, daß die Durchströmung und damit die regelmäßige und ausreichende Sauerstoffzufuhr nicht mehr gewährleistet ist, sind die Mikroorganismen in der Lage, den benötigten Sauerstoff aus anorganischem Nitrat und Sulfat freizusetzen, in letzter Konsequenz wird dabei giftiger Schwefelwasserstoff gebildet. Ein nicht gewarteter Filter wird so zur Giftfabrik! Diese Gefahr besteht auch dann, wenn belastete Filter vorübergehend abgeschaltet werden. Jeder Aquarianer kennt diesen Effekt in Form schwarzer Stellen im Bodengrund. Genau der gleiche Mechanismus führt hier zur Bildung von Schwefelwasserstoff, der mit Eisenspuren im Bodengrund durch Bildung schwarzen Eisensulfids sichtbar wird.

Dennoch schwören Wasserpflanzenfreunde immer wieder auf die biologische Filterung. Es hat sogar nicht an Versuchen gefehlt, durch bewußtes Handeln das Sauerstoffangebot so zu begrenzen, daß die Mineralisation auf der Ammoniumstufe stehenbleibt, weil Wasserpflanzen den erforderlichen Stickstoff in reduzierter Form bevorzugt aufnehmen. Das ist alles richtig – aber nur für Wasserpflanzenkulturen! Dort, wo jedoch Fische im Aquarium gehalten werden, bestimmen diese die Anforderungen an das Gesamtmilieu!

Letztlich kann man den ganzen Streit auf eine einfache Formel bringen, die gleichzeitig sämtliche Sonderfälle berücksichtigt:

Solange das bei der biochemischen Umwandlung entstehende Nitrat von den Wasserpflanzen aufgenommen wird, ist das System in Ordnung. Hier kann in einem mit nur wenigen Fischen besetzten Wasserpflanzenbecken auch ein biologischer Filter sinnvoll sein und den Wasserwechsel minimieren. Sobald aber der Gehalt an anorganischem Stickstoff (NH_4^+, NO_2^-, NO_3^-) ansteigt, auch wenn das »biologisch« bedingt ist, muß der Schwerpunkt der pflegerischen Maßnahmen auf die Eliminierung der organischen Substanz und Minimierung der Mineralisation gelegt werden. Das ist der Fall in den meisten Liebhaberaquarien!

Aktivkohle

Die Meinungen zu der Frage, ob Aktivkohle in der Aquaristik verwendbar ist oder nicht, gingen und gehen weit auseinander. Eine hervorstechende Eigenschaft der Aktivkohle ist aufgrund der Vielzahl kleiner und kleinster Kanälchen die viel zitierte »große innere Oberfläche«. Das trifft zweifellos zu – für die Gasadsorption. Im Medium Wasser wird die Wirkung dieser inneren Oberfläche bereits nach sehr kurzer Zeit beträchtlich kleiner. Trotzdem zeigt Aktivkohle immer noch eine gute Adsorptionsfähigkeit, die gezielt für aquaristische Belange eingesetzt werden kann.

Die Fähigkeit, in begrenztem Umfang auch organische, gelöste Komponenten zu binden, ist z.B. in der Aquarienmedizin zur Entfernung desinfizierend wirkender Farbstoffe (Trypaflavin, Malachitgrün, Methylenblau) recht bedeutungsvoll; hier können nach erfolgter Behandlung die Farbstoffe durch kurzzeitigen Einsatz eines Aktivkohlefilters dem Wasser wieder entzogen werden.

Die große Adsorptionsfähigkeit läßt sich gut ausnutzen, wenn durch Infusorien oder kolloidales Eiweiß das Wasser getrübt ist, obwohl mit bloßem Auge keine Partikel erkennbar sind. Hier muß natürlich ein Schnellfilter versagen, ein kurzzeitiger A-Kohleeinsatz kann jedoch Abhilfe schaffen. Aktivkohle leistet darüber hinaus auch gute Dienste bei der Entfernung von Restchlor aus dem Leitungswasser.

Das sind aber Spezialfälle. Was der Aquarianer gern hören möchte, ist oft ein Loblied auf die A-Kohle als Filtersubstanz für den Dauereinsatz. Hier kann die kurze und präzise Antwort gegeben werden: Dafür ist Aktivkohle nicht geeignet. Bedingt durch die anfänglich hohe Adsorptionskraft ist nämlich Aktivkohle durch einfaches Auswaschen nicht mehr ohne weiteres regenerierbar. Sie widerspricht damit den Forderungen an eine aquaristisch brauchbare Filtersubstanz. Um die Leistungsfähigkeit der A-Kohle für die ständige Filterung voll auszunutzen, müßte die Kohle mindestens wöchentlich erneuert werden, der wirtschaftliche Aufwand steht jedoch in keinem Verhältnis zum eventuellen Nutzen.

Giftwirkung von Wasserinhaltsstoffen

Wir kennen eine große Anzahl von Verbindungen, die ausgesprochen giftig für Fische sind. Da wir unser Aquarium jedoch nicht mit den Abwässern eines Chemiebetriebes füllen, wollen wir uns auf die wenigen Fälle beschränken, die bei Vernachlässigung der regelmäßigen Wartungsarbeiten oder ungeeigneten Manipulationen möglicherweise auftreten können. Wenn auch in der Literatur immer wieder berichtet wird, wie durch leichtfertigen Umgang mit Haushaltchemikalien, Lackfarben und Lösungsmitteln Fische sterben, würde es zu weit führen, diese Fälle zu behandeln.

Prinzipiell sind zur Anwendung im Aquarium nur geprüfte, speziell für die Aquaristik entwickelte Produkte oder Reinstchemikalien, deren Konzentration und Wirkung genau bekannt ist, zu empfehlen. Da der Fisch fast alle Schadstoffe auf einem ganz anderen Weg aufnimmt als der Mensch, können viele im Haushalt unbedenklich anzuwendende Produkte aquaristisch durchaus gefährlich sein.

Toxische Substanzen dringen beim Fisch hauptsächlich über die Kiemen ein. Diese Stoffe diffundieren neben dem Sauerstoff durch das Kiemenepithel in die Blutbahn. Da eine direkte Verbindung von den Kiemen über das Herz zum Zentralnervensystem besteht, können diese Giftstoffe auf kürzestem Weg an allen entscheidenden Stellen des Organismus wirken. So ist gleichzeitig eine Speicherung von Giftstoffen in einzelnen Organen möglich. Die Aufnahme von Giftstoffen über die Haut und den Magen-Darm-Trakt spielt eine untergeordnete Rolle.

Die Empfindlichkeit der einzelnen Fischarten gegenüber toxischen Substanzen ist unterschiedlich. Das wird mit der artspezifischen Zusammensetzung des Plasmas erklärt. Zu beachten ist auch, daß die Giftwirkung einer Substanz nicht nur von ihrer Konzentration abhängt. Besonders wichtig sind Wassertemperatur und die Wasserhärte, speziell die Karbonathärte. Da sich bei einer Temperaturerhöhung um 10 K der Stoffwechsel mindestens verdoppelt, steigt damit natürlich die Geschwindigkeit der Giftaufnahme. Weiterhin haben eine Vielzahl von Toxizitätsuntersuchungen gezeigt, daß die Giftwirkung vieler Substanzen mit steigender Wasserhärte abnimmt.

Am häufigsten treten in der Aquaristik Schädigungen der Pfleglinge durch ungeeignete **pH-Werte** auf. Die bei extremen pH-Verschiebungen hohen Konzentrationen von H^+- bzw. OH^--Ionen können direkt tödlich wirken oder rufen Konstitutions- und Wachstumshemmungen hervor, da pH-abhängige Enzymfunktionen gestört sein können.

Außerdem ist auch ein Einfluß der Anionen möglich. Beispielsweise können zu hohe Gerbsäurekonzentrationen schwerlösliche Komplexe mit den Proteinbestandteilen des Kiemenepithels bilden. Essigsäure führt zu Schwellungen im Gewebe, die Blutstokkungen zur Folge haben.

Als wesentlich ist der Einfluß der Wasserstoffionenkonzentration auf den Zustand des Eiweißes anzusehen. Bei Änderung des pH-Wertes ist es möglich, daß sich alle wichtigen Eigenschaften des Eiweißes, wie Quellung, Viskosität, osmotische Verhältnisse und elektrische Ladung, ändern. Die Folge sind Auswirkungen auf den Stoffwechsel.

Kommt das Gewebe mit Säuren oder Laugen in Berührung, so bilden sich mit Säuren Acidalbumine

$$R-\underset{\underset{NH_3^+}{|}}{CH}-COO^- + HCl \longrightarrow R-\underset{\underset{NH_3Cl}{|}}{CH}-COOH$$

und mit Laugen Alkalialbumine

$$R-\underset{\underset{NH_3^+}{|}}{CH}-COO^- + NaOH \longrightarrow R-\underset{\underset{NH_2}{|}}{CH}-COONa$$

Diese Veränderung des Eiweißes nennt man Denaturierung. Die

äußeren Erscheinungsbilder der durch Säuren oder Laugen verendeten Tiere finden sich in Büchern über Fischkrankheiten und würden hier den Rahmen unseres Themas übersteigen. Allerdings ist der oft verwendete Begriff »Säure- oder Laugenkrankheit« irreführend, da es sich um eine Vergiftung handelt!

Schwermetalle sollten in toxischen Konzentrationen im Aquarium eigentlich nicht auftreten. Deshalb soll nur auf einige Sonderfälle eingegangen werden. Einige Schwermetallionen reagieren mit Bestandteilen des Schleimes der alkalischen Kiemenregion und führen dort durch Hydroxidbildung zum Erstickungstod, da als Folgeerscheinung die Blutzirkulation blockiert wird. Das ist beispielsweise für höhere Konzentrationen von Eisen und Mangan typisch. Speziell zum Eisen im Aquarium ist jedoch ein Wort mehr zu sagen. Eisen in gelöster Form ist in Spurenkonzentrationen für die meisten Organismen unverzichtbar, denken wir nur an den roten Blutfarbstoff, das Hämoglobin, zu dessen Bildung Eisen erforderlich ist. Ebenso ist die Bedeutung des Eisens für das pflanzliche Leben bekannt. Normalerweise wird aber das im Wasser gelöste Eisen oxidiert und fällt dabei in Form unlöslicher Verbindungen aus, in der Natur sind solche Ausfällungen als Eisenocker bekannt. Analog verläuft die oben beschriebene Reaktion in den Fischkiemen! Damit aber dennoch gelöstes Eisen zur Verfügung steht, existieren in der Natur recht kompliziert aufgebaute organische Stoffwechselprodukte, die das Eisen durch Komplexbildung auch bei hohen Sauerstoffgehalten und unterschiedlichen pH-Werten in Lösung halten und es erst nach Aufnahme durch den Organismus freigeben und dem Stoffwechsel zuführen. Solche Verbindungen nennt man Chelatoren, sie können auch synthetisch hergestellt (z. B. Äthylendiamintetraessigsäure = EDTA) und ebenso erfolgreich für künstlichen Eisendünger eingesetzt werden. Aus diesem Grunde muß die Verwendung von handelsüblichen, für die Aquaristik entwickelten Eisendüngern empfohlen werden, da dabei jegliches Fällungsrisiko ausgeschlossen wird.

Ohne weiter auf den komplizierten Vergiftungsmechanismus einzugehen, sei aber hier auf die Gefahren bei Anwesenheit eines weiteren Schwermetalls hingewiesen. Kupferspuren können nicht nur durch Warmwasserbereitungsanlagen oder Rohrleitungen in Hauswasserversorgungen auftreten; sie werden auch bei der Bekämpfung von Süßwasserpolypen mittels metallischer Kupferelektroden oder als Bestandteil von Mitteln zur Bekämpfung von Ektoparasiten oder Algenwachstum vorsätzlich dem Aquarienwasser zugeführt. In allen Fällen nutzt man dabei die toxische Wirkung von Kupferionen gegenüber niederen Organismen aus, vergißt aber, daß mitunter nur eine äußerst geringe Konzentrationserhöhung auch bereits Fische irreversibel schädigt. Dabei sind manche Fischarten, z. B. *Pseudomugil-, Julidochromis-* und *Ancistrus-*Arten gegenüber Kupferspuren derart extrem empfindlich, daß obige Quellen rigoros auszuschließen sind!

Schwefelwasserstoff sollte zwar in einem ordnungsgemäß gewarteten Aquarium nicht auftreten, leider zeigt aber die Praxis neben den schwarzen Faulstellen im Bodengrund und unter Dekorationsmitteln vor allem, daß einige Filter immer wieder derartig falsch betrieben werden, daß Schwefelwasserstoff vorkommen kann. Schwefelwasserstoff wirkt als Atemgift. Dabei wird das Eisen des Blutfarbstoffs als Sulfid gebunden und ist nicht mehr zum Sauerstofftransport fähig. Infolge einer Aufspaltung des Porphyringerüstes führt dieser Vorgang zu einer irreversiblen Zerstörung des Blutfarbstoffes.

Über **Ammoniak** bei alkalischen pH-Werten und seine Gefährlichkeit als Nervengift wurde bereits in dem betreffenden Abschnitt berichtet (vergl. S. 74).

Die Chlorung als Stufe der Trinkwasseraufbereitung gehört aufgrund der oft bakteriologisch ungenügenden Rohwasserbeschaffenheit leider nicht mehr zu den Ausnahmefällen. Daher können Restkonzentrationen von **Chlor** im Leitungswasser auftreten. Chlor wirkt ähnlich wie eine Säure und zerstört das Kiemenepithel.

Im allgemeinen überschreitet der Chlorgehalt eine Konzentration von 0,1 mg/l nicht. Dieses Restchlor läßt sich recht leicht entfernen, wenn man über eine Brause bereits aufgewärmtes Wasser entnimmt. Zum einen sinkt mit steigender Temperatur die Löslichkeit, zum anderen fördert die »Verdüsung« über die Brause den Ausgasungsprozeß. Verwendet man gechlortes Wasser ohne diese Sicherheitsmaßnahme für Durchlaufanlagen, sind, obwohl hier kaum Vergiftungen mit tödlichem Ausgang auftreten, Schädigungen möglich, die auf der Dauereinwirkung von 0,1 mg/l Chlor beruhen können.

Diese Aufzählung ließe sich beliebig fortsetzen, können doch allein durch die moderne Haushaltchemie alle möglichen schädigenden oder toxischen Substanzen bei ungeeigneter Anwendung in das Aquarium gelangen, seien es Phenole, Tenside oder sogar Biozide. Aber diese Gefahren sind alle sehr einfach zu umgehen, prinzipiell haben nämlich derartige Substanzen, selbst noch so »harmlose« Fliegenstreifen oder Insektensprühmittel, in der Aquaristik nichts zu suchen. Das gilt für alle Räume, in denen Aquarien stehen oder Durchlüftungspumpen betrieben werden!

Was ist zu tun, wenn ...?

Wir haben bei der Behandlung der einzelnen Probleme erkannt, wie komplex die Zusammenhänge zwischen Veränderungen im Medium Wasser und den Reaktionen aquatischer Organismen sind. Daraus folgt, daß Aquarienchemie nicht zu Wundermitteln verhelfen kann, durch die sich alle Probleme lösen lassen. Praktische Aquarienchemie besteht vielmehr für uns in der Anwendung theoretisch begründeter Pflegemaßnahmen, die selbstverständlich auch gezielte wasserchemische Veränderungen beinhalten können. Die Meinung, daß ein Chemikalienzusatz zur gezielten Veränderung der Wasserbeschaffenheit »unnatürliche Chemikalienpantscherei« sei, ist falsch. »Unnatürlich« sind vielmehr Wasserbedingungen, die den Lebensansprüchen der Fische nicht entsprechen! Je mehr wir aber die Haltungsbedingungen den Anforderungen der zu pflegenden Organismen anpassen, ganz gleich, mit welchen Methoden, desto mehr nähern wir uns natürlichen Verhältnissen, desto erfolgreicher werden wir sein. Sind wir uns über diesen Grundsatz erst einmal einig, können wir mit aquarienchemischen Methoden sowohl bessere Ausgangsbedingungen schaffen als auch durch operatives Eingreifen in Gefahrensituationen Verluste vermeiden. Die nachstehende Übersicht über die am häufigsten auftretenden Fälle soll dabei eine Orientierungshilfe für notwendige Handlungen sein.

Dabei wird dennoch bewußt in jedem Fallbeispiel auf den Bezug im Text verwiesen, denn die schematische Anwendung eines »Kochrezeptes« ist in der Regel eher schädlich als nützlich, wenn man die Zusammenhänge nicht gleichzeitig beachtet.

1. Fall:
Der Gesamtsalzgehalt bzw. die Härte ist zu hoch

Es ist eine Vollentsalzung mittels Ionenaustausch oder Umkehrosmose durchzuführen und das salzfreie Wasser mit Ausgangswasser zu verschneiden, bis der gewünschte Salzgehalt erreicht ist. Zu beachten sind die Ausführungen zu Vollentsalzung, Wasserhärte und Ionenverhältnis.

2. Fall:
Der Gesamtsalzgehalt bzw. die Härte ist zu niedrig

Es ist eine Aufsalzung erforderlich, die sich am leichtesten durch Verschnitt mit hartem Wasser erreichen läßt. Steht dieses nicht zur Verfügung, empfiehlt sich die Anwendung von Seesalz. Zu beachten sind die Ausführungen zur Wasserhärte und zum Ionenverhältnis.

3. Fall:
Der pH-Wert des Ausgangswassers ist ungeeignet

Der pH-Wert ist mit verdünnter Salzsäure bzw. Natriumhydrogenkarbonat (Natron) einzustellen. Zu beachten sind die Ausführungen zu pH-Wert, Kohlensäure, Kalk-Kohlensäure-Gleichgewicht und Ammonium-Ammoniak-Gleichgewicht.

4. Fall:
Das Ausgangswasser ist zu stark gechlort

Der Chlorgehalt ist durch Verdüsen des erwärmten Wassers, bei höheren Konzentrationen durch Filterung über Aktivkohle zu entfernen. Zu beachten sind die Ausführungen zu Aktivkohle und Giftwirkung von Wasserinhaltsstoffen.

5. Fall:
Das Ausgangswasser enthält zuviel aggressive Kohlensäure

Die Kohlensäure ist durch Verdüsung, gegebenenfalls auch durch Erwärmung in Verbindung mit einer starken Durchlüftung zu entfernen. Wird hartes Wasser benötigt und die Karbonathärte des Ausgangswassers ist zu gering, kann eine Kalkzugabe erfolgen. Ebenso ist eine Filterung über Decarbolith, einen schwach gebrannten Dolomit, gut geeignet. Zu beachten sind die Ausführungen zu Kohlensäure, Kalk-Kohlensäure-Gleichgewicht.

6. Fall:
Anomale Atmung, die Fische schwimmen an der Oberfläche

Es kommen verschiedene Ursachen in Frage:
- Sauerstoffmangel,
- Kohlensäurevergiftung,
- Ammoniakvergiftung.

Um die erforderliche Entscheidung zu treffen, ist zuerst der pH-Wert zu messen:

6.1. Der pH-Wert liegt im **alkalischen** Bereich. Es ist Ammoniakvergiftung oder Sauerstoffmangel möglich, Kohlensäurevergiftung ist ausgeschlossen. Der pH-Wert ist mit verdünnter Salzsäure auf pH 6 bis 7 zu senken. Lag Ammoniakvergiftung vor, erholen sich die Tiere nach einiger Zeit. Tritt keine Verbesserung ein, handelt es sich um Sauerstoffmangel. Die Zugabe von 30 ml 3%igem Wasserstoffperoxid auf 100 l Wasser hilft schnell und sicher. Achtung: Wasserpflanzen aus der Gattung *Najas* zerfallen dabei! Beide Maßnahmen können durch einen Teilwasserwechsel unterstützt werden. Zu beachten sind die Ausführungen zu Ammonium-Ammoniak-Gleichgewicht, Kohlensäure und pH-Wert.

6.2. Der pH-Wert liegt im **sauren** Bereich. Es ist Kohlensäurevergiftung oder Sauerstoffmangel möglich, Ammoniakvergiftung ist ausgeschlossen. Bei Abwesenheit von Ammonium (qualitativer Nachweis ist ausreichend!) wird bei guter Durchlüftung der pH-Wert auf 7,5 bis 8 erhöht. Führt diese Maßnahme nicht kurzfristig zum Erfolg, liegt Sauerstoffmangel vor (siehe oben). Ist bei Kohlensäurevergiftung auch Ammonium anwesend, könnte bei einer pH-

Erhöhung eine Ammoniakvergiftung entstehen. In diesem Falle ist ein weitgehender Wasserwechsel empfehlenswerter. Zu beachten sind die Ausführungen zu Ammonium-Ammoniak-Gleichgewicht, Kohlensäure und Kalk-Kohlensäure-Gleichgewicht.

7. Fall:
Der pH-Wert sinkt kontinuierlich in den sauren Bereich

Hier liegt ein typischer Fall vor, der bei Wässern mit sehr geringen Karbonathärten auftritt (vergl. S. 44). Entweder versucht man, die dafür verantwortliche Kohlensäure durch Verstärkung der Assimilationstätigkeit der Wasserpflanzen (vergrößerter Pflanzenbesatz, intensivere Beleuchtung) zu verbrauchen, oder man muß den pH-Wert mit Natriumhydrogenkarbonat korrigieren. Da bei der bloßen pH-Korrektur jedoch nicht die Ursachen des Absinkens, sondern nur die Auswirkung bekämpft wird, ist diese Maßnahme im Abstand von einigen Tagen zu wiederholen. Allmählich wird dabei das Wasser mit einwertigen Ionen überladen und ist letztlich ungeeignet. Insofern ist es besser, die Karbonathärte durch Filterung über Decarbolith oder durch Kalkzugabe etwas zu erhöhen. Zu beachten sind die Ausführungen zu pH-Wert, Kohlensäure, Karbonathärte und Kalk-Kohlensäure-Gleichgewicht.

Ein Wort zum Schluß

Da sich das Wasser in unseren Aquarien kontinuierlich verändert, d. h. verschlechtert, sollten eigentlich auch alle Maßnahmen, die dieser Entwicklung entgegenwirken, kontinuierlich erfolgen. In der Praxis ist das oft leichter gesagt als getan, und so stellen unsere Pflegemaßnahmen einen Kompromiß dar, der um so vertretbarer ist, je regelmäßiger sie durchgeführt werden. Wenn es auch heute mit pH-Computern oder Oxydatoren Lösungen gibt, die einzelne Komponenten des Gesamtmilieus recht zufriedenstellend kontinuierlich regulieren, sind wir uns dennoch möglicher Grenzen be-

Der regelmäßige Wasserwechsel stellt die wichtigste Pflegemaßnahme dar

wußt. So wird und soll es das »wartungsfreie Aquarium« niemals geben; neben der Beobachtung wird auch die Pflege immer ein Bestandteil der Aquaristik bleiben.

Diese Pflegemaßnahmen reichen von Äußerlichkeiten wie geputzten Scheiben bis hin zum grundsätzlichen Wasserwechsel, dessen Bedeutung wohl in jedem einzelnen Abschnitt dieser »Aquarienchemie« anklingt und zu dem noch ein Wort zum Schluß gesagt werden soll. Der regelmäßige Teilwasserwechsel stellt nach wie vor die unkomplizierteste und wirksamste Pflegemethode dar und wird es auch für die Zukunft bleiben. Die bisherigen aquaristischen Erfahrungen haben gezeigt, daß ein wöchentlicher Teilwasserwechsel wohl die erfolgreichste Pflegemaßnahme in einem »Normalaquarium« darstellt. Bei überbesetzten Becken verkürzt sich dieser Abstand, in den »nackten«, mit überdurchschnittlichem Fischbesatz versehenen Aufzuchtaquarien ist ein täglicher Wasserwechsel erforderlich.

Eine Optimierung erfahren diese Forderungen mit dem kontinuierlichen Wasserwechsel, der Wasserdurchlaufanlage. Wenn auch deren technische Realisierung im Wohnzimmeraquarium in vielen Fällen nicht möglich sein wird, stellt sie wohl die sinnvollste Methode der regelmäßigen Aquarienpflege dar. Wichtig ist vor allem die Feststellung, daß sich der Wasserverbrauch bei einer vernünftig betriebenen Durchflußanlage gegenüber dem herkömmlichen Wasserwechsel nicht erhöht, weil die auszutauschende Wassermenge lediglich über den Zeitraum verteilt wird. Eine solche Wasserdurchflußanlage bietet folgende Vorteile, vorausgesetzt, die damit verbundenen, örtlich bedingten, technischen Probleme werden gelöst:

– Die Wasserpantscherei entfällt weitgehend, da sie »automatisiert« ist.
– Das Redoxpotential ist gleichmäßig hoch.
– Störungen im Gashaushalt und damit verbundene pH-Schwankungen sind so gut wie ausgeschlossen.
– Das Ionenverhältnis ist stabil, Anreicherungen von gelösten Stoffwechselprodukten finden nahezu nicht statt.
– Das Aquarium kann einen wesentlich höheren Fischbesatz verkraften.
– Die Jungfische wachsen schneller, nehmen allerdings auch entsprechend mehr Nahrung auf.

»Nasse Pflegearbeiten« bestehen hauptsächlich im Auswaschen des Filters (falls dieser überhaupt notwendig ist), Putzen der Scheiben und Entfernen der zu üppig wachsenden Pflanzen. Gelegentlich ist in unübersichtlichen Ecken der Mulm abzusaugen.

Literatur

Daubert, K., und *H. M. Peters* (1956): Studie über biosphärische Einflüsse auf die Ablaichdaten von Cichliden. Zool. Anzeiger, Band 156, S. 140 ff.

Eul, A. (1974): Ionenverträglichkeit des Neonsalmlers Paracheirodon innesi Myers, 1939. Diss. Univ. Hohenheim

Foersch, W. (1974): Beobachtungen bei der Zucht von Parosphromenus deissneri. DATZ, 27, S. 338 ff.

Geisler, R. (1964): Wasserkunde für die aquaristische Praxis. Alfred Kernen Verlag, Stuttgart

Geisler, R. (1967): Limnologisch-ichthyologische Beobachtungen in Südwest-Ceylon. Int. Revue ges. Hydrobiol., 52(4), S. 559 ff.

Höll, K. (1960): Untersuchung, Beurteilung, Aufbereitung von Wasser. Verlag Walter de Gruyter & Co, Berlin

Hohl, D. (1973): Aquarienchemie – ein Wundermittel? AT, 20, S. 314 ff.

– (1975): Blaualgenbekämpfung – ganz einfach. AT, 22, S. 49 ff., 86 ff., 117

– (1977): Die Kläranlage am Aquarium. AT, 24, S. 10 ff.

Hohl, D., und *H. Schöne* (1977): Das Redoxpotential. AT, 24, S. 86 ff., 120 ff., 158 ff.

Hohl, D. (1978): Hartes und weiches Wasser. AT, 25, S. 49

– (1979): Aquarienchemie. Urania-Verlag, Leipzig, Jena, Berlin

– (1989): Wasserqualität im Aquarium – Möglichkeiten und Notwendigkeit ihrer Beeinflussung aus der Sicht eines Aquarianers. AT, 36, S. 232 ff.

Horst, K., und *H. Kipper* (1978): Das perfekte Aquarium. Tetra-Verlag, Melle

Hückstedt, G. (1976): Aquarientechnik. Franckh'sche Verlagshandlung Stuttgart

– (1978): Aquarienchemie. Franckh'sche Verlagshandlung Stuttgart

Klee, O. (1977): Aquarienchemie und Ökologie der Fische, in: Kosmos Handbuch der Aquarienkunde. Franckh'sche Verlagshandlung Stuttgart

Krause, H.-J. (1985): Aquarienwasser, Diagnose und Therapie. Franckh'sche Verlagshandlung Stuttgart

Lachner, A. S. (1973): Untersuchungen über die Ammoniakausscheidung einsömmriger Karpfen (Cyprinus carpio L.) bei Streßeinwirkung. Diss. Univ. München

Ladiges, W. (1984): Der Fisch in der Landschaft. Alfred Kernen Verlag, Essen

Lützel, U. (1982): Ionenaustauscher in der Aquaristik. AT, 29, S. 368 ff. und 405 ff.

Mortimer, C. H. (1942/43): The Exchange of Dissolved Substances between Mud and Water in Lakes. J. Ecol. 29, S. 280 ff. und 30, S. 147 ff.

Schmidt, G. (1976): Das richtige Aquarienwasser. Albrecht Philler Verlag, Minden

Schrieken, B., und *J. Vlaming* (1971): Besonderheiten einiger Aquarienfische und ihr Biotop in Kamerun. DATZ, 24, S. 393 ff.

Staeck, W., und *H. Linke* (1982): Afrikanische Cichliden II. Tetra-Verlag, Melle

Staeck, W., und *L. Seegers* (1984): Die Fische der Laguna Media Luna und der Laguna Los Anteojitos, Rio Verde, Mexiko. DATZ, 37, S. 128 ff.

Stawikowski, R. (1983): Auf der Suche nach Mojarras. DATZ, 36, S. 289 ff., 323 ff., 364 ff. und 411 ff.

Wagner, O. (1956): Aquarienchemie. Urania-Verlag, Leipzig/Jena

Wuhrmann, K., und *H. Woker* (1949): Experimentelle Untersuchungen über die Ammoniak- und Blausäurevergiftung. Schweizer Ztschr. f. Hydrologie, Bd. 11, Fasc. 1 bis 2, S. 210 ff.

Zupanc, G. K. H. (1982): Fische und ihr Verhalten. Tetra-Verlag, Melle

Bildquellen

AQUADOCUMENTA-Verlag GmbH   S. 8, 40, 52
Aquatec Filter- und Wassertechnik   S. 60
G. Eggers   S. 17 oben
H.-J. Franke   S. 24 unten, 25 unten, 45, 48
D. Hohl   S.13, 17 unten, 29 unten, 33, 68, 88
Ch. Kasselmann   S. 32, 77
W. Staeck   S. 16, 20, 21, 24 oben
R. Stawikowski   S. 25 oben, 29 oben, 57, 64, Umschlagfoto